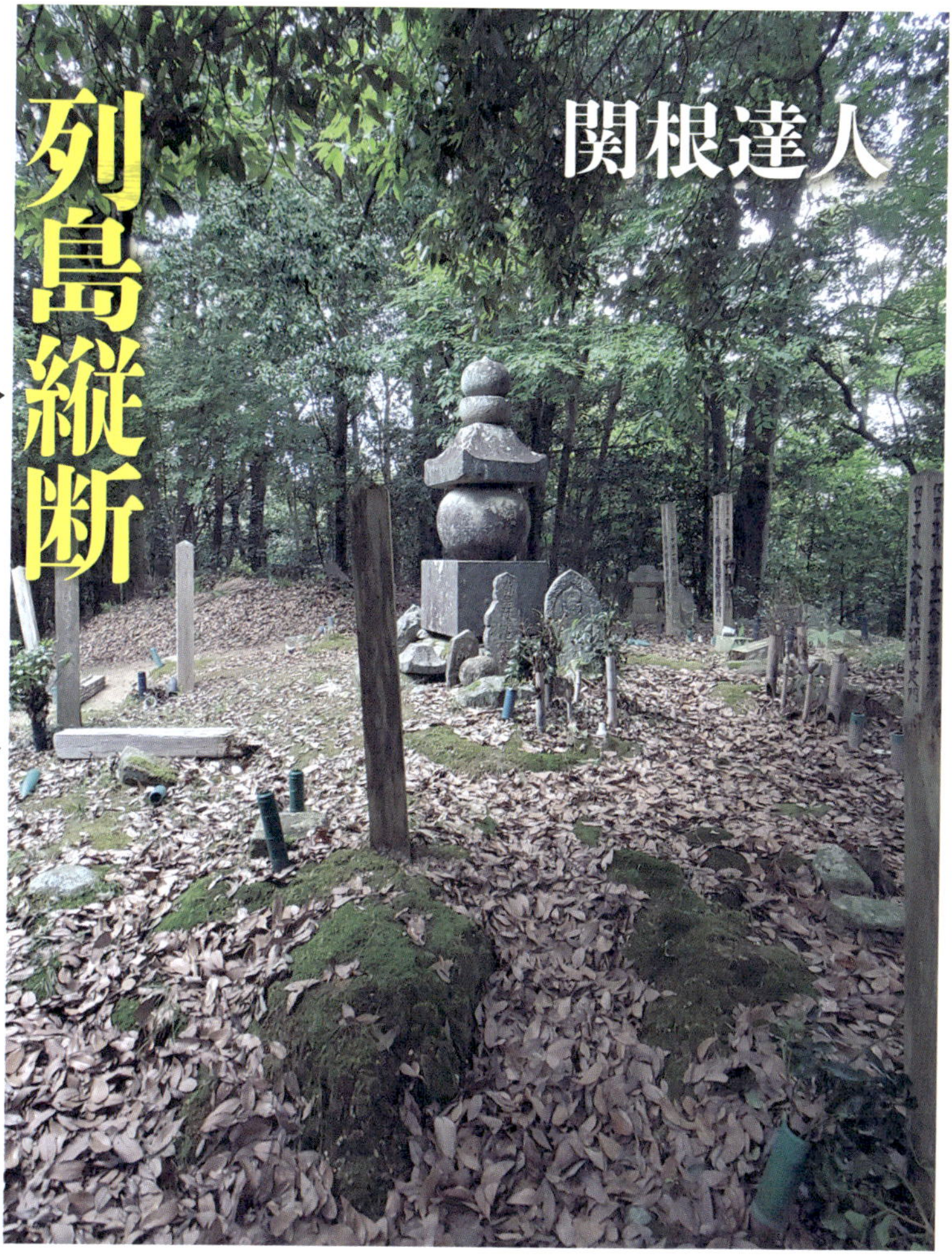

関根達人

列島縦断 日本の墓

失われゆく墓石を訪ねる

吉川弘文館

はじめに「お墓の写真集」の意図するところ

地球誕生以来、この世に生を受けた全ての生き物のなかでお墓を営んできたのは人間だけである。墓は死を概念化できた人類だけが作るきわめて人間的な所産なのである。人類の誕生以来、人々はさまざまな形で死者を悼み、多様な方法で遺体を葬ってきた。墓は人々のアイデンティティを最もよく表す文化要素の一つといえる。そうであるがゆえに、葬墓制はお墓を営まない文化から遺体を埋葬しないお墓を作る文化まで、実に多様なのである。

一方、現代日本人が思い描くお墓は、ほとんどの場合、死者を埋葬した上に墓石が建つ墓であり、お墓＝墓石のイメージが強い。しかし、日本の歴史を遡って考えれば分かるように、そうした墓は縄文時代や古墳時代には存在しない。墓石をともなう墓が広く人々に普及したのは江戸時代であり、前著『墓石が語る江戸時代』（『歴史文化ライブラリー』四六四、吉川弘文館、二〇一八年）では、墓石が普及した理由と、墓石から分かる江戸時代像について述べた。また、それに続く『石に刻まれた江戸時代』（同四九八、二〇二〇年）では、地震・津波・火山噴火・水害などの大規模災害や、大火・水難事故の犠牲者、刑死者・遊女といった墓石が建てられなかった人々の供養碑を取り上げた。

筆者が専門とする考古学ではお墓は重要な研究対象だが、専門書は別として一般書で取り上げられるのは発掘調査されたお墓が中心で、時代的には古墳時代以前のものが圧倒的に多い。一方、民俗学や宗教学で取り上げられるお墓は近現代墓が多く、遡っても近世後期までである。自分のルーツ探しなど古いお墓に関心を持つ人は多いが、現代日本人に馴染み深い墓石が出現した中世、そして、墓石が一般化した近世のお墓を取り上げ、今日のお墓にどうつながるのかが分かる概説書はほとんどない。

日本社会に墓石が普及した江戸時代にあっても、墓石文化が及ばなかった地域が存在する。北海道の大部分を占める蝦夷地と沖縄である。アイヌ文化圏や琉球文化圏では墓石を建てる慣習はみられない。もちろん現在では北海道や沖縄を含め、日本社会全体に墓石文化が根付いている。さまざまな文化要素のなかでも葬墓制は最も保守的なはずだが、それでも加速する人口減少や地方の過疎化により、江戸時代から続く伝統的な墓制、すなわち墓石文化は大きな曲がり角に来ている。無縁化する墓と墓じまいの急拡大、合葬墓や樹木葬・散骨葬などへの移行によって墓石の減少に歯止めがかからない。私たち現代日本人に馴染み深い墓石が林立する墓地景観は、そう遠からず目の前から失われるであろう。

竹林のなかの五輪塔（鎌倉市・明月院）

墓石とともに現代日本の葬墓制を特徴付けているのが火葬である。厚生労働省によると、二〇二一年度に行われた火葬が一五一万二五一一件に対し、土葬はわずか四六二件で、九九・九七％に上る火葬率は世界最高となっている。中世・近世の日本社会では火葬と縦長の墓穴に頭を上にして遺体を葬る土葬（座葬）が併存していたが、同時代のアイヌ文化圏では土葬でも横長の墓穴に遺体を横にして葬る寝葬、琉球文化圏では風葬により遺体を骨化させた後、遺骨を洗って墓に納める再葬が行われていた。墓石の有無だけでなく遺体の処理方法も、日本（ヤマト）文化圏・アイヌ文化圏・琉球文化圏で大きく異なっていたのである。

エジプトのピラミッドやわが国の前方後円墳を持ち出すまでもなく、古今東西、墓は社会を映し出す鏡である。人々は自分たちの先祖が眠るとともに、やがて自らも永久の眠りにつく墓とどう向き合ってきたのか。墓石の出現から現在まで日本社会ではどのような墓が営まれてきたのか。非墓石文化圏であったアイヌ文化圏や琉球文化圏では、人々はどのような墓に葬られていたのか。本書は、筆者が二一世紀に入って訪ね歩いた日本列島各地に残る墓を写真と必要最小限の解説文で紹介する。

お墓の在り方が多様化する今日、過去にもさまざまな理由から多様なお墓が営まれてきたことを多くの方に知っていただきたい。本書には北は択捉島から南は波照間島まで各地の墓が収録されている。もちろん星の数ほど存在するお墓のうち本書で取り上げることができたのはほんの一握りにすぎないが、それらを通してわが国の歴史や地域性が読者に伝わるとともに、自分たちの墓にとって何が大切なのかを考えるきっかけになればと思う。

目次

プロローグ

お墓を訪ね歩く人と失われゆく墓石

お墓の多様化を受け、近年は石材業者が主催するお墓のデザインコンテストが行われたり、インターネット上に個性的なお墓を集めたサイトが散見されたりするようになった。歴史上の偉人や芸能人など著名人のお墓を巡る「墓マイラー」と呼ばれる人々も増えている。こうした他人が眠るお墓を訪ねる人は江戸時代後期にはすでに存在しており、彼らは墓石に生えた苔を掃除することから「掃苔家《そうたいか》」と呼ばれた。他人のお墓を訪ねる行為自体はさらに古くまで遡る。一七世紀末頃から一九世紀の大坂では、お盆の時などに集団で鉦や木魚を叩きながら夜通し市街七ヶ所の墓地を巡る「七墓巡り」が流行し、なかば娯楽化していた【図1】。

次章で詳しく述べるように、墓石が普及した一八世紀以降、日本社会に深く墓石文化が根付き、江戸後期には都市・農村・山村・漁村を問わずどこに行っても墓地に墓石が林立する墓地景観が形成された【図2】。そして、戦後の「一億総中流」の時代には、大都市圏では多くの人が同じような建売住宅や団地に住み、死後は郊外の霊園に同じようなお墓を建てて永久の眠りについた。しかし、二一世紀の日本では加速する人口減少や地方の過疎化により、墓石を伴う家族墓は維持することが難しくなりつつある。無縁化する墓【図3・4】と墓じまいや改葬【図5】の急拡大、合葬墓【図6】や樹木葬・散骨葬などへの移行、加えて近年頻発する地震・津波・土砂災害などにより人口減少以上に墓石の数が急速に減少しつつある。平成二八年（二〇一六）の熊本地震では熊本市内七ヶ所の市営墓地にある墓石の約六割にあたる約一万三〇〇〇基の墓石が倒壊したと伝えられる。また、令和六年（二〇二四）の能登半島地震では奥能登一帯の墓地で墓石への被害調査が行われ、震度六弱以上の地域で墓石に被害が出たことが確認されている。

近年は新たに建てられる墓石が減る一方で、ペットのための墓石の需要は確実に増えているという。家族の希薄な関係性や経済的困窮が原因で、火葬後の遺骨の置き場に困り、電車の網棚、コインロッカー、スーパーのトイレなどに骨壺を「置き去り」にする事例が増えていると聞けば、「ペットに優しく人に厳しい、実にいやな世のなかになった」と嘆かざるを得ない。

「墓石は永遠の住まい」とはいうものの、自然の営力により頑丈な墓石といえども風化を免れない【図7】。私たち現代日本人に馴染み深い墓石が林立する墓地は遺跡化が進み、やがては墓石が過去の遺物となる日が訪れるであろう。

【図1】 大坂七墓

1-1-1〜3　**南浜墓地**　大阪府大阪市北区豊崎1丁目（2019年2月11日撮影）
左：南浜墓地と六地蔵（市指定有形民俗文化財）　中央：道引之地蔵尊（市指定有形民俗文化財）　右：市設南浜霊園の大坂三郷大火焼死水死者追善塔

1-2-1・2　**蒲生墓地**　大阪府大阪市都島区東野田町3-2（2019年2月11日撮影）
左：蒲生墓地と六地蔵（市指定有形民俗文化財）　右：蒲生墓地に隣接する繁華街

大坂七墓は南浜墓地・梅田墓地・葭原墓地・蒲生墓地・千日墓地・飛田墓地・小橋墓地を指し、南浜墓地と蒲生墓地が現存する。南浜墓地は行基によって開かれた日本最古の火葬場をともなう墓地と伝わる。現在は貞享4年（1687）の六地蔵がある南浜墓地と、享保9年（1724）の大火（妙知焼）の犠牲者を供養するため50回忌にあたる明和9年（1772）建立の大坂三郷大火焼死水死者追善塔のある市設南浜霊園に分かれている。近年、梅田墓地跡ではJR大阪駅北側再開発にともなう発掘調査により江戸後期から明治初期の1700体を超える土葬人骨や火葬骨壺、残存骨灰を埋めた土坑が多数検出された（本書22頁参照）。

【図 2】 江戸時代の墓地景観

2-1 **北陸の湊町の寺院に残る江戸時代の墓地** 福井県坂井市三国町滝谷 1-7-15 真言宗智山派摩尼寶山瀧谷寺境内（2008 年 3 月 11 日撮影）

九頭竜川の河口に位置する湊町三国の古刹瀧谷寺は、戦国時代には越前朝倉氏や柴田勝家、江戸時代には福井藩主松平家や丸岡藩主有馬家の祈願所として栄えた。境内には重要文化財の開山堂をはじめ福井市内足羽山産出の笏谷石製石造物が数多く残る。

2-2 **越後の農村に残る江戸時代の墓地** 新潟県長岡市栃上樫出地区（2021 年 11 月 28 日撮影）

【図 3】 無　縁　墓（1）

3-1　パコダ（ミャンマーの仏塔）型の無縁墓　京都府京都市中京区壬生梛ノ宮町 31　律宗心浄光院宝幢三昧寺（壬生寺）の千体仏塔（2016 年 2 月 16 日撮影）

3-2　ピラミッド型の無縁墓　福井県小浜市伏原 45-3　曹洞宗霊松山発心寺（2016 年 5 月 6 日撮影）

【図4】 無 縁 墓（2）

4-1　**雛壇に並ぶ無縁墓**　福井県坂井市三国町新保10　新保共営墓地（2014年9月12日撮影）

4-2-1・2　**きわめて短期間に無縁となった墓**　福井県内（2014年9月12日撮影）

平成28年（2016）5月に亡くなった人の墓が翌年の9月には無縁墓になっていた。

【図 5】 改葬にともない処分される古い墓石　青森県八戸市内（2007 年 4 月 25 日撮影）

旧八戸藩士の A 家の墓所には享保年間（1716〜36）から明治 27 年（1894）までの 15 基の墓石があり、うち 13 基は江戸時代に建てられた墓石であった。一方、この墓所には大正以降に亡くなった 5 人も埋葬されていたが、その人たちの墓石はなかった。

A 家では先祖の御霊を新たに建てる一つの墓石に合祀するため、平成 19 年（2007）に改葬が行われた。改葬にともない掘り出された遺骨は火葬され、新しく建立された墓石の下に再埋葬された。一方、撤去された古い墓石は石材業者により砕かれ処分された。

【図 6】 鹿児島県大島郡宇検村の合葬墓　左上：芦検集落　右上：佐念集落　左下：名柄集落（2021 年 9 月 14 日撮影）　右下：湯湾集落（2024 年 5 月 13 日撮影）

全国的に家を単位とするお墓の維持が難しくなるなか、散骨や合葬墓の需要が増えている。過疎化が著しい地方では残された高齢者が「墓守」の役割を果たしているが、無縁化するお墓が後を絶たず、墓地の維持管理が限界を迎えている地域も多い。

奄美大島の南西部に位置する宇検村は、9 割以上を急峻な山岳地帯が占めており、海岸に沿うわずかな可住地に 14 の集落が点在する。奄美の日本復帰後まもない昭和 30 年（1955）に 6301 人を数えた人口は令和 6 年（2024）7 月末現在 1595 人にまで減少した。

宇検村では昭和 47 年（1972）に田検集落で初めて共同納骨堂「精霊殿」が建設され、1990 年代半ば以降、集落を単位とする共同納骨堂の建設が相次ぎ、現在その数は 9 ヶ所に上る。こうした血縁による家墓から地縁に基づく合葬墓への変化は注目を集めており、宇検村には全国から自治体関係者が視察に訪れ、調査対象に選ぶ社会学や文化人類学の研究者も多い。

【図 7】 風化する墓石

7-1　**苔むす無縁墓**　島根県大田市温泉津町小浜イ 1099　浄土宗無量山證演院極楽寺跡墓地（2008 年 2 月 21 日撮影）

7-3　**痩せ細った墓石**　北海道松前町内（2008 年 8 月 26 日撮影）

7-2　**木に呑み込まれていく墓石**　福井県坂井市三国町南本町 1-2　三国中央墓地（2014 年 9 月 3 日撮影）

7-4　**風化で穴のあいた墓石**　鹿児島県奄美市笠利町佐仁（2022 年 3 月 1 日撮影）

屋外に置かれた墓石の文字は風化により薄れ、長い時間をかけて墓石そのものも形を変えていく。無縁になった墓石は苔や植物に覆われ、やがては地中に埋もれていく。地震や津波など自然災害は、時に墓石にも多大な被害を与える。

墓と墓石の歴史

墓石の誕生から軍人墓まで

墓石の誕生とその背景

現代日本のお墓は、共同墓地・火葬・墓石への極端な「偏向」に特徴付けられる。もちろん現在でも屋敷墓や土葬、墓石をともなわない墓もみられるが、それらはきわめて少数派といってよいだろう。共同墓地・火葬・墓標として置かれた石や立石は、全て縄文時代に確認されているが、いずれも今日まで連続したわけではない。現存する古代の石塔はきわめて少ないが、十三重や五重の層塔が中心で、近畿地方の山間部の寺院を中心とする。それらは当初、伽藍を構成する木造塔と同じ役割を担っていたとみられるが、なかには、大阪府太子町鹿谷寺跡の十三重塔や、福島県磐梯町慧日寺跡の伝徳一廟にある層塔のように、火葬骨を納めた高僧の墓塔と考えられるものも存在する【図8】。

国宝『餓鬼草紙』には、貴族の館から墓場までさまざまなところで浅ましく生きる餓鬼の姿が描かれている（参考図1）。遺体を喰う疾行餓鬼の場面は、絵巻が描かれた一二世紀後半の京都近郊の墓地の実態を物語る貴重な情報が得られると、中世史研究者や考古学者は注目している。墓地に運ばれた遺体は、埋葬されることなくそのまま地面に置かれたもの（A）と、土を被せマウンド状に盛り上げたもの（B）に大別され、数の上ではAがBの二倍と多い。

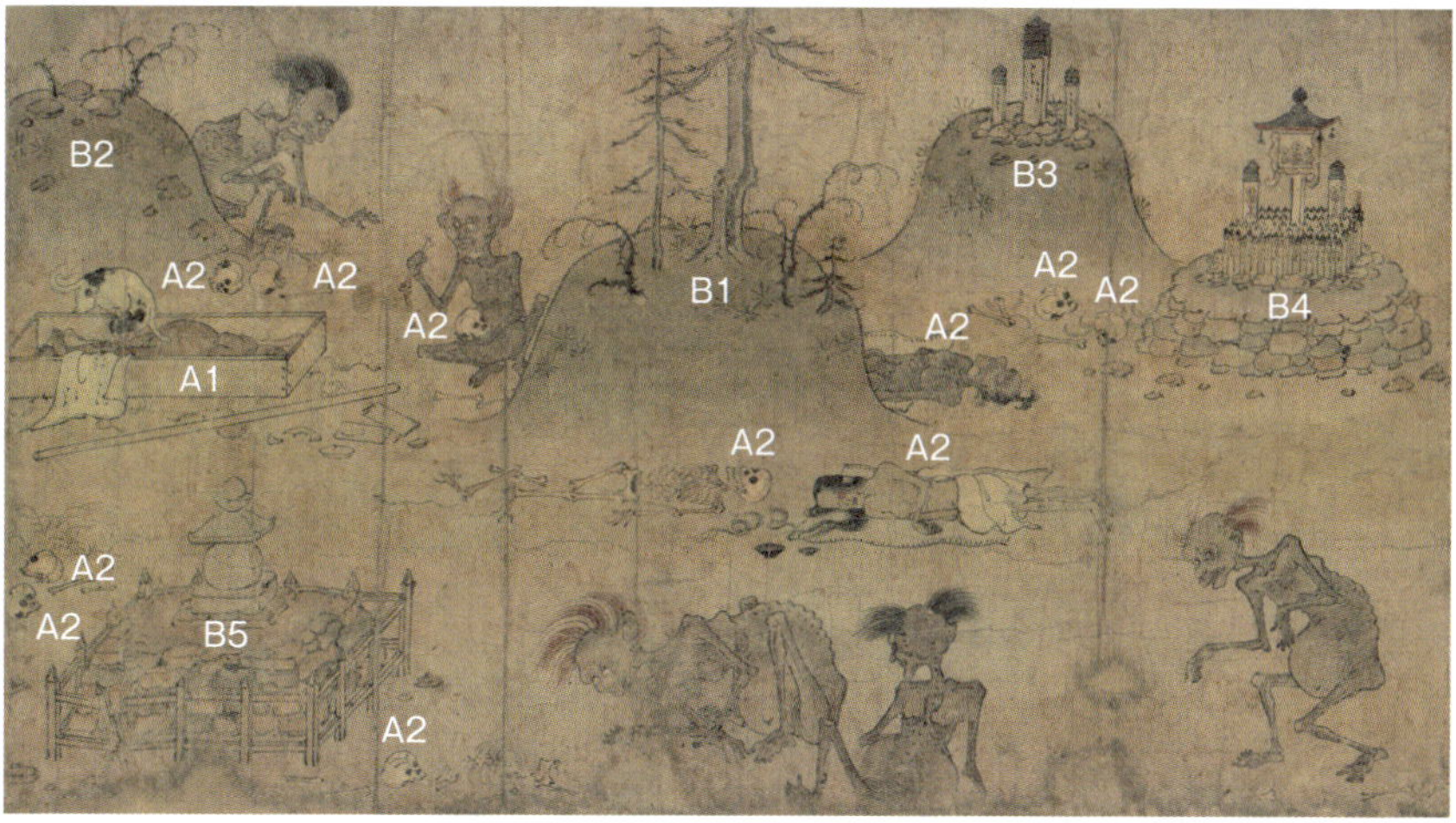

参考図１　『餓鬼草紙』にみえる12世紀後半の墓地（東京国立博物館所蔵、出典：ColBase）

いわゆる遺棄葬（置葬）のAは、木棺をともなうもの（A1）ともなわないもの（A2）があるが、A2が多い。土饅頭をともなうBは土葬と火葬の両者を含むと考えられる。Bは、マウンド上に何もないもの（B1）、マウンド上に置石のあるもの（B2）、同じく置石と木製の圭頭の卒塔婆《そとば》をともなうもの（B3）、マウンドの表面に石を積み、頂部に四十九院卒塔婆を巡らし、そのなかに笠卒塔婆を建てたもの（B4）、周囲を石で囲んだ方形基壇の上に石造五輪塔《ごりんとう》を設置したもの（B5）に細分できる。葬送上最も簡素なA2から際だって厚葬のB5まで七種類の墓が描き分けられているのである。

もしこの墓場が約八五〇年後の現在発掘調査されたなら、よほど条件が良くない限り遺骨は腐敗してしまうので、Aを認識することは難しく、通常はマウンドをともなうBだけが墓として認識され発掘調査報告書に載るであろう。しかし、遠江の国衙や守護所があった見附の共同墓地として知られる静岡県磐田市の一の谷中世墳墓群では、発掘調査により墓が営まれ始めた一二世紀後半から一三世紀にはマウンドをともなう塚墓のまわりの溝の上に敷き詰められた石の隙間などから木棺に用いられていたと思われる鉄釘が発見され、『餓鬼草子』に描かれた埋葬されない遺棄葬を示すものと考えられている（網野善彦・石井進編『中世の都市と墳墓』日本エディタースクール出版部、一九八八年)。同じような事例は福岡県太宰府市篠振遺跡(一五世紀)や奈良県高取町佐田遺跡群小谷遺跡(一〇世紀中頃〜後半)でもみられ、神奈川県鎌倉市由比ヶ浜南遺跡(一四〜一五世紀)や新潟市南区浦廻遺跡(一四世紀)では人骨の出土状況や遺骨に残された動物によるかじり痕から、遺棄葬と判断されている(狭川真一編『墓と葬送の中世』高志書院、二〇〇七年)。

注目されるのは、一の谷中世墳墓群や京の鳥辺野・蓮台野をはじめ、各地で一二世紀後半頃からその後長く続くことになる共同墓地が営まれ始めたことである(勝田至『死者たちの中世』吉川弘文館、二〇〇三年)。今日に続く共同墓地・火葬・石塔からなる「日本のお墓三点セット」が成立するのは、『餓鬼草紙』が描かれた一二世紀後半ということになる。

一二世紀後半から一三世紀には、奈良盆地西縁部や大阪府の南河内地域で、凝灰岩製の層塔・重層宝篋印塔《ほうきょういんとう》・五輪塔が建てられている【図9】。これらのなかでは最初に層塔が高僧の墓塔として建てられ、鎌倉時代になって共同墓地の総供養塔化するなかで、重層宝篋印塔や五輪塔が加わったとみられる(狭川真一編『日本の中世墓』高志書院、二〇〇九年)。

仏教考古学に造詣の深い藤澤典彦氏によれば、平安時代末の真言系の『葬法密』に「掘地作墓、土塔之形也、土塔之上立卒塔婆……」とあるように、古代において遺骨を納めた塚墓のマウンドは塔と認識されていたという(狭川真一・松井一明編『中世石塔の考古学』高志書院、二〇一二年)。最初に作られた石塔が層塔なのは、それが塔に見立てられたマウンドの上に立つ相輪《そうりん》を模しているからということになろう。そして、これら一二世紀に遡る凝灰岩製の層塔のなかには、塔身に納骨用の穴が設けられたものがある。また、時代はやや降るが、長野県飯田市の真言宗南原山文永寺にある諏訪氏一族で下伊那を治めていた神(知久)敦幸が奈良の石工菅原行長に命じて弘安六年(一二八三)に建立した石室をともなう五輪塔(重要文化財)では、五輪塔前方の石室の床面の穴から地下に埋められた一二世紀前半の常滑《とこなめ》焼《やき》の甕に随時納骨できる仕組みになっている。納骨場所が石塔内か石塔の下かの違いはあるが、いずれも石塔をともなう共同納骨施設といえよう。

奥州藤原氏の本拠地である岩手県平泉には、年号が記された国内最古の五輪塔として知られる中尊寺釈尊院墓地の仁安四年（一一六九）年銘の五輪塔（重要文化財）や願成就院の宝塔（重要文化財）をはじめ、一二世紀に遡る石塔類が数多く残されている【図10】。これらの石塔には平泉を流れる北上川西岸に分布する厳美層から産出する溶結凝灰岩や凝灰岩が使われている。これらの石塔は平泉で作られたもので、相輪の代わりに五輪塔の空輪《くうりん》・風輪《ふうりん》・火輪《かりん》を一石で作り、塔身上部に亀腹状の突部を作出した特殊な宝塔（平泉型宝塔）や水輪《すいりん》と地輪《ちりん》を一石で作る五輪塔などは、平泉とその周辺にしかみられない。奥州藤原氏は都から石塔文化を導入するにあたり、平泉ならではのアレンジを加えたのである。

奥州平泉の墓というと、真っ先に思い浮かぶのは世界文化遺産である藤原四代が眠る中尊寺金色堂であろう。ミイラ化したご遺体はともかく、金色堂自体は、天皇や貴族など貴人の遺体を凝仏化して墓の上に仏堂を設ける墳墓堂の一種と考えられている。平泉では中尊寺がある関山丘陵の西の山麓の蓮台野地区で四三基もの集石墓が確認されている。平泉に残る一二世紀の五輪塔や集石墓は、平泉の金色堂に葬られた奥州藤原氏の当主に準ずる人々や僧侶の火葬墓の可能性が高い。仏都平泉を作り上げた奥州藤原氏は、近畿地方から仏教文化とともに当時最先端の葬墓制を導入し、それらに独特の改変を加えることにより、平泉文化が形成されたのである。

屋敷墓の展開と鎌倉のやぐら

鎌倉時代には火葬の流行と屋敷墓《やしきばか》の展開が指摘されている（狭川真一『中世墓の考古学』高志書院、二〇一一年）。屋敷墓は屋敷地内またはその近くの所有地に営まれた墓で、東北地方から南九州にまで広く分布する。また、沖縄本島でも中部の北谷町小堀原遺跡や後兼久原遺跡などからは、平地式住居跡や高床式建物跡に隣接して一度土葬した後、掘り出した遺骨を火葬し再埋葬した「焼骨再葬墓」や木棺をともなう土葬墓が発見されており、ヤマトからの影響によりグスク時代初期（一一世紀から一三世紀）には屋敷墓が営まれた可能性がある。屋敷墓が全国的に展開し始めた鎌倉時代に屋敷墓を営んだのは主に在地領主層であり、時代が降るにつれ名主・百姓層へと拡大したと考えられる。火葬は平安京を除くと一二世紀後半から全国各地で散見され始め、一四世紀前半頃に東北から九州まで広く浸透したようだ。

三方を丘陵、残る南方を海に囲まれ平地の少ない鎌倉では、土地利用の都合上、仁治三年（一二四二）には平地への墓の造営が禁止され、居住に適さない周囲の丘陵や由比ヶ浜の海岸が葬地として利用された。鎌倉を取り巻く谷には寺や寺跡があり、その背後の丘陵崖面には第三紀凝灰岩を掘削した「やぐら」と呼ばれる横穴式の墓や供養施設が作られた【図11】。やぐらの規模や内部構造はさまざまだが、五輪塔などの石塔が置かれたり、奥壁には仏像や石塔が浮き彫りされたりするものが多い。やぐら内には火葬骨が納められることはあっても土葬されることはない。やぐらは天井や壁に白い漆喰《しっくい》やベンガラの彩色、入口には木製の扉の痕跡などがみられることから、墳墓堂を志向した墓と考えられている。やぐらの造営には鎌倉中期以降に土木技術者をともなって鎌倉に下向した律宗系僧侶が深く関わり、在府の中流以上の武士や僧侶などが墓所や供養施設として利用したとされる（大三輪龍彦『鎌倉のやぐら』かまくら春秋社、一九七七年）。やぐらの最盛期は鎌倉後期の一三世紀末から一四世紀前葉だが、やぐらの利用は鎌倉公方が古河に移った後の一五世紀後半まで続く。

一方、由比ヶ浜は、都市鎌倉に住む一般の人々（凡下）や新田義貞による鎌倉攻め前後の合戦の犠牲者の葬地として利用された（日本人類学会編『鎌倉材木座發見の中世遺跡と人骨』岩波書店、一九五六年、河野眞知郎『中世都市 鎌倉』〈『講談社学術文庫』〉、講談社、二〇〇五年）。単体の土葬が多いが、火葬や遺棄葬も認められる。斬首された頭骨の埋葬や全身骨格が揃わない遊離人骨を集めた集積埋葬は、野ざらしにされていた戦死者の遺体処理の実態を物語っている。

石塔と板碑の拡散

鎌倉時代には、五輪塔・宝篋印塔・板碑《いたび》など石造の墓塔や供養塔《くようとう》が、北は青森県から南は鹿児島県まで各地で多様な展開を見せ始めた。

鎌倉前期には、奈良市川上町東大寺伴墓の伝重源墓塔（重要文化財、【図12―1】）、京都府笠置町笠置寺の解脱上人（藤原貞慶）墓塔、京都市神護寺の文覚上人塔など、高僧の墓と伝わる花崗岩製の五輪塔がゆかりの地に建てられ始める。新たに登場した堅い花崗岩製の五輪塔を加工する際に使われたのが、一二世紀に中国浙江省寧波出身の宋人石工によって導入された矢穴技法である（山川均編『寧波と宋風石造文化』〈『東アジア海域叢書』一〇〉、汲古書院、二〇一一年）。鎌倉前期の五輪塔は、近畿以西と東北地方、長野県・山梨県内に分布するが、関東・東海・北陸では確認されていないようである。

律僧の忍性（良観上人）は、仁治元年（一二四〇）に大和額安寺で出家し、嘉元元年（一三〇三）に鎌倉の極楽寺で没した。額安寺と極楽寺にある忍性塔と伝えられる大型の五輪塔（重要文化財）の下からは、良観上人の遺骨を納めたと明記した銅製の宝瓶《ほうびょう》が出土しており、分骨を納めた墓の上に五輪塔が建てられたことが分かる。

鎌倉後期の一三世紀末から一四世紀半ばにかけて、表面に梵字による真言を彫った花崗岩製五輪塔と、表面無地の花崗岩製五輪塔が近畿地方に展開した。前者は平安京周辺、奈良、高野山に集中するほか、主要な街道沿いに散在する。後者は、奈良市西大寺の叡尊上人廟（県指定建造物）の造営を契機として、奈良市西方院にある唐招提寺中興二世証玄墓（県指定建造物）など叡尊に連なる真言律宗の高僧の墓塔として、あるいは惣墓や村墓の総供養塔として、律宗の拠点であった大和や河内を中心として山城や播磨まで近畿一円に分布する【図12―2〜4】。

五輪塔と並んで中世の墓塔を代表するのが宝篋印塔である。宝篋印塔の名称は内部に宝篋印塔陀羅尼経を納めることに由来する一方、アショーカ王が釈迦の骨を分骨するのに作らせた「阿育王塔」の故事にちなみ中国・呉越王銭弘俶が延命を願い諸国に配った銭弘俶塔《せんこうしゅくとう》が原型とされ、日本に伝わった段階ですでに経典を収める宝塔と納骨を目的とする舎利《しゃり》塔《とう》の異なる機能を持っていたと考えられる。年号が記された石造宝篋印塔では、鎌倉市内のやぐらから出土した宝治二年（一二四八）のものや正元元年（一二五九）銘の奈良県生駒市輿山往生院塔（重要文化財）などが古い。滋賀県米原市の清瀧寺徳源院にある佐々木氏信の墓と伝えられる宝篋印塔は、銘文から氏信の死後百ヶ日にあたる永仁三年（一二九五）八月一三日に造立されたことが分かる【図13】。石造宝篋印塔は一三世紀中頃成立し、一三世紀末から一四世紀に北は秋田県から南は鹿児島県へと分布域を拡大する。

こうした石塔の地方への拡散の背景には、石塔の流通と石工の移動・石工技術の伝播があった。花崗岩の代名詞にもなっている兵庫県六甲山麓から産出する御影石製の石塔は、中世を通して広く西日本に広域流通するとともに、一四世紀には流通先で地元の石材による模倣品が作られている（市村高男編『御影石と中世の流通』高志書院、二〇一三年）。また、福井県高浜町から産出する日引石と呼ばれる安山岩質凝灰岩製の石塔は、一四世紀後半から一五世紀にかけ、長崎県対馬・五島列島・平戸島をはじめ、北は青森県十《と》三湊《さみなと》から南は鹿児島県坊津まで、日本海側の海上ルート上の重要な湊を中心に流通していたことが確認されている（市村高男・大石一久・原口聡編『石が語る西海の歴史』アルファベータブックス、二〇一六年）。

畿内の中心をなす大和・山城・河内・和泉の平野部には惣墓《そうばか》と呼ばれる共同墓地がある【図14】。惣墓は中世の惣村を背景とし、惣墓を構成する村落は墓郷《はかごう》と呼ばれる。惣墓の中心には層塔や五輪塔など惣墓で最も古い大型の石塔が存在することが多い。高僧や有力者の墓や惣供養塔である凝灰岩製の層塔を核とする惣墓は一二世紀、同じく花崗岩製の層塔を核とする惣墓は一三世紀、有力名主層を構成員とする一結衆などの念仏講衆によって建てられた大型の五輪塔を核とする惣墓は一三世紀末から一四世紀に墓地の形成が開始されたと考えられている。惣墓が営まれた畿内中心域では、鎌倉末期には地頭武士による荘園侵略と、新興勢力である有力名主層の台頭が起きていた。寺領荘園の年貢という財政基盤が弱体化した寺院は、新興の富裕な名主層を教化することで勧進の利潤を得ようとした。一方の新興勢力層は滅罪・鎮魂・追善供養のため結衆して大型の石塔を建て、それが彼らのステータスシンボルとなった。畿内よりやや遅れるものの一四世紀には地方でも場所によっては地縁に基づく共同墓地が営まれるようになり、なかには現在なお墓地として使われ続けているところもある【図15】。

木造の塔から石塔が生まれたように、木製の率都婆からは石率都婆、すなわち板碑が生まれた。板碑は一石の一面を利用し、上部に仏菩薩（主尊）を刻んだもので、故人の追善供養や生前に自身の死後の供養を行う逆修《ぎゃくしゅ》のために建てられた。板碑が登場するのは鎌倉前期で、埼玉県熊谷市須賀広で発見された板碑（県指定有形文化財・江南文化財センター）に記された嘉禄三年（一二二七）が最も古い。板碑は北海道南部の函館から鹿児島県の大隅諸島まで全国各地に分布し、形態や石材に地域性が認められる【図16】。埼玉県長瀞町（荒川水系）・同小川町（入間川水系）・群馬県藤岡市（旧鬼石町）（利根川水系）から産出する緑泥片岩製の武蔵型板碑は、鎌倉幕府を支えた武蔵武士の本貫地である埼玉県北西部を中心とし、一四世紀には規格化したものが河川や陸路を利用して関東一円に流通する。造立者は一四世紀半ばまでは武士や僧侶で、一五世紀以降は名字を持たない階層も認められるようになる。一四世紀前半の板碑のなかには蔵骨器《ぞうこつき》をともなう火葬墓の上に供養塔や墓標として建てられたものがあるが、一五世紀以降の土坑墓は必ずしも板碑と結び付くわけではない。しかし一方で、一五世紀には板碑に戒名を刻むようになることから、板碑の墓碑化が指摘されている（千々和到『板碑とその時代』平凡社、一九八八年）。なお、数は少ないものの、死亡年月日・死者の名前・享年など、江戸時代の墓石と同じような銘文を持つ板碑もある。

納骨霊場と納骨堂

火葬率が九九・九七パーセント超ときわめて高い現代日本では、墓の維持管理にかかる手間や経費の問題もあって、全国的に納骨堂の需要が高まっている。浄土真宗大谷派では分骨した一部の骨を本山である真宗本廟（東本願寺）に納める真宗本廟収骨と、親鸞の墓所である大谷祖廟近くに納骨する祖廟納骨が行われている。浄土真宗本願寺派でも、遺骨を親鸞の墓所である祖壇前の明著堂に納める祖壇納骨や、大谷本廟（西大谷）境内の納骨所に納める無量寿堂納骨を受け付けている。

こうした聖地への納骨は、一二世紀末頃に紀州高野山奥之院の弘法大師空海が眠る御廟周辺で始まった。蔵骨器には中国産の白磁や古瀬戸の四耳壺といった高級陶磁器が使われていることから、納骨を始めたのは高僧や貴族とみられる。一三世紀中頃からは遺骨の一部だけを納める分骨が主流となる。一三世紀後半から一四世紀中頃には水輪の上部に納骨用の穴をあけた五輪塔が奥之院に建てられた。また、一三世紀中頃からは蔵骨器が小型化し、土師器《はじき》や瓦器《がき》などの日常容器が加わることから、高野聖《こうやひじり》のような勧進僧によってより広範囲の階層の人々が遺骨の一部を分骨し、高野山に納めるようになったと考えられている。高野山奥之院には辺りを埋め尽くすほど膨大な数の一石五輪塔が存在する【図17】。高野山ではこれら一石五輪塔は一五世紀中頃に現われ、一四七〇年代から一五一〇年代に大流行し、以後急速に減少、一七世紀前半に姿を消す。一石五輪塔には骨を納める穴はなく、地下に火葬骨を納めた痕跡も確認されていない。これら一石五輪塔の多くは追善供養ではなく、極楽往生を願う庶民によって生前に建てられた逆修塔で、亡くなった後に遺族によって故人の遺骨の一部が御廟西側の納骨堂に納められた可能性がある。なお、高野山への納骨は奥之院に限定されず、公家や上級武家は山上の子院で供養を行い、子院境内に納骨用の堂塔や石塔を建立した。

高野山に次ぐ全国的な納骨霊場として知られるのが、奈良県葛城市の当麻寺本堂（曼荼羅堂）や斑鳩町の法隆寺舎利殿で、どちらも一三世紀には納骨が始まっていたと考えられる。また、一三世紀中頃には奈良市の元興寺極楽坊本堂が造営され、木製小型五輪塔（納骨塔婆）・竹筒容器・曲げ物・小壺・土釜・土鍋などを用いた分骨納骨が始まり、一五・一六世紀に最盛期を迎えている。ほかにも、宮城県松島町の雄島をはじめ、慈覚大師円仁入定地として信仰を集める山形市の山寺立石寺、会津高野山と呼ばれ空也上人開基と伝わる福島県会津若松市の八葉寺阿弥陀堂、弘法大師が京の都を鎮護するため鬼門にあたる佐渡島に開いたとの伝承を持つ新潟県佐渡市蓮華峰寺の骨堂、四国霊場第七一番札所になっている香川県三豊市弥谷寺など、高僧ゆかりの古刹が中世に聖地化するなかで納骨信仰を集めるようになった霊場が各地に存在する（狭川真一編『季刊考古学一三四　特集中世の納骨信仰と霊場』雄山閣、二〇一六年）。

各地の納骨霊場を含め中世に遡る共同納骨場は、建物内と地下への埋納や石窟などの屋外とに分けられる。建物内に納骨する場合、当麻寺本堂のように本来別の目的で建てられたものに納骨が行われる場合と、最初から納骨堂として建てられた場合とがある。はじめから納骨堂として建てられたもののうち現存する建物では、鎌倉末期に遡る可能性のある奈良市西大寺奥院骨堂（県指定有形民俗文化財）が古い【図18】。地下や石窟内への納骨と異なり、地上に建てられた木造建造物である納骨堂は残りにくく、たとえ発掘調査により遺構として建物跡がみつかった場合でも、その建物が納骨堂だと証明することは非常に困難である。木造の共同納骨堂がどこまで遡るのかは今後の課題といえる。

なお、佐渡の蓮華峰寺骨堂（重要文化財）は、建物の修理工事や発掘調査の結果、一四世紀前半に仏堂として建てられたが、長禄三年（一四五九）には骨堂がある奈良の西大寺から分骨に訪れた人がおり、江戸時代初期に墳墓堂として応急的に転用された後、江戸中期以降、一般の人々が納骨する骨堂に変化したと考えられている。

石塔の小型化・碑への転化と普及

貴族や高僧といったごく限られた注文主からのオーダーメイドとして始まった石塔は、一三世紀には新たに台頭した有力武士の受容するところとなり、一四世紀以降は在地領主層や一般の僧侶の間にも広がった【図19】。全国的に板碑が一五世紀後半から急速に減少するのに対して、石塔は一五世紀半ば以降、小型化と規格化・簡略化が進み、急激に増加する。これは安価な石塔が登場したことで、より多様な階層の人が石塔を建てられるようになったことを物語っている。さらには既製品化することで、石塔は富裕な百姓や都市住民にも手が届くものとなった。

五輪塔は空風輪・火輪・水輪・地輪の四つの部材を積み上げたものだが、小型軽量化しすぎると、すぐに倒壊してしまう。また、それぞれの部材を成形するのは手間がかかる。そうした理由から新たに生み出されたのが、一つの石材から五輪塔を削り出す一石五輪塔である【図20—1】。地域により違いはあるが、一石五輪塔が多くみられる南河内では一四世紀末に現われており、全国的には一六世紀にピークを持ち、一七世紀以降次第に減少する。なお、一石五輪塔はほぼ全国に分布するが、東北・関東・九州では少ない（狭川真一編『中世墓の終焉と石造物』高志書院、二〇二〇年）。一六世紀を中心に、九州では墓碑化した板碑、関東周辺では建物形の石堂（水谷類『廟墓ラントウと現世浄土の思想』雄山閣、二〇〇九年）が数多く作られており、それらが一石五輪塔と同じ役割を果たした可能性があろう【図20—2】。

石塔の小型化・規格化・簡略化とともに注目されるのが、石塔から石碑への転化と、表面に仏像が浮き彫りされた素朴な小型石仏の登場である。

五輪塔・宝篋印塔・宝塔《ほうとう》などの石塔は、前後左右どの方向からみても同じ形をしているが、一五世紀半ば頃から、厚みのない碑形の石の表面に塔を一つないし複数浮き彫りまたは線刻したものが、畿内を中心に、北陸・東海以西に広く現われ、一六世紀にかけて流行する【図21】。確かに立体的な石塔を製作するより碑に塔を刻んだほうが、石材が少なくて済み、手間もかからない。これら大衆向けに作られた「擬似石塔」は、一石五輪塔と同じように、経済的事情により石塔を建てたくても建てられなかった人々を中心に受容されたと考えられる。奈良盆地を中心に分布する扁平五輪塔や舟形五輪塔は、そうした碑に転化した「擬似石塔」の一つである【図22】。舟型五輪塔は一七世紀まで継続するが、やがて碑面から五輪塔が消え、塔の要素を完全に失った舟形板碑に置き換わっていく。

「擬似石塔」と同様、畿内を中心に、北陸・東海以西に広く分布するのが光背に見立てた石の表面に仏像を浮き彫りした小型の石仏である【図23】。「擬似石塔」と異なり、これら小型の石仏にはほとんど銘文が刻まれていないが、最盛期は「擬似石塔」と同じ一六世紀と考えられる。仏像を注文することのできなかった一般の人々が、自らの死後の安寧や死者の供養のために建てたのであろう。

貴族や高僧から始まった火葬は武家の台頭とともに彼らに受容され、中世を通して次第に裾野を広げていった。火葬された遺骨は仏舎利《ぶつしゃり》であり、それを納める場所は仏塔と認識されたのである。火葬や石塔・板碑の広がりは仏教の普及を示しており、それらの衰退は中世的墓制の終焉を意味していよう。

江戸の墓

よく知られるように、中世から近世への過渡期に当たる一六世紀末から一七世紀初頭には、全国で石垣を用いた築城ブームが起きた。こうしてできた近世城郭の石垣にはしばしば古い中世の五輪塔や宝篋印塔が転用されている【図24】。これまでそれらは石垣に使う石材が不足したため、墓石を転用したと説明されてきた。それに異を唱えるつもりはないが、前提として中世から近世への移行に際して、城下町や宿場といった都市部では再開発によって中世の墓地の整理が行われた可能性を考える必要がある。場所によってはこの再開発で中世と近世の墓地の断絶が生じたと思われる。

東京では一九八〇年代後半のバブル期頃から再開発などの土木工事にともない、地下に眠る江戸遺跡の発掘調査が数多く行われてきた。一八世紀初頭には人口一〇〇万人を超え、世界有数の大都市となった江戸では、発掘調査で多くの墓がみつかっている。江戸の墓の本格的な発掘調査は、昭和四二年（一九六七）に行われた港区芝の増上寺徳川将軍家墓所に始まる。幕府が「大江戸」と定めた朱引内で発掘調査され、報告書に掲載された墓は、二〇二〇年度末時点で、一四四遺跡、一四七四〇基に達する（江戸遺跡研究会『近世都市江戸の墓』江戸遺跡研究会第三六回大会資料、二〇二四年）。このビッグデータからは江戸の墓の実態がみえてくる。

江戸では火葬は一七世紀には二割弱を占めているが、一八世紀以降は一割程度に下がり、土葬が増える。人口が増えれば墓地が不足するはずだから、埋葬に場所をとる土葬が減って火葬が増えても良さそうなものだが、実態としては逆なのである。火葬率の低下は江戸だけにとどまらず全国的な傾向のようだ。大名墓のところで後述するように、武家社会では一七世紀後半以降、儒葬《じゅそう》が流行する。そうした儒葬が近世社会全体に影響を与えた結果、土葬が増えた可能性はあるが、実のところまだよく分かっていない。火葬は宗派によって異なり、浄土真宗は約三割とほかの宗派の倍以上の高い比率を示す一方、階層間では大きな違いはないようだ。なお、江戸に限らず全国的に浄土真宗は火葬率が高く、浄土真宗が卓越する北陸などの地域では火葬墓が目立つ。また、畿内とその周辺で埋葬・火葬や墓地管理を担っていた三昧聖《さんまいひじり》に関する史料などから、近世の大坂では圧倒的に火葬が主流であったと見られている（木下光生『近世三昧聖と葬送文化』塙書房、二〇一〇年）。近年、JR大阪駅北側の再開発にともなう発掘調査で江戸後期から明治初期の一七〇〇体を超える土葬人骨が発見され注目を集めた梅田墓地跡からも、三五〇点を超す火葬骨壺や火葬の際に生じた残存骨灰を埋めた土坑が多数検出され、火葬が盛んに行われていたことが確かめられている。残存骨灰を埋めた土坑の上に土葬墓が営まれ、骨灰が土葬用の土として「リサイクル」されていたのには驚かされる。

一方、江戸の土葬は階層によって埋葬施設が大きく異なる。徳川将軍家は多重構造の石室墓が基本で、徳川家以外の大名家も同様の石室または石槨墓《せっかくぼ》を基本とするが、木槨甕棺墓《もっかくかめかんぼ》もみられる。旗本などの上級武家は木槨甕棺墓が基本だが甕棺墓もあり、中級武家以下の武家では甕棺墓が多い。一方、庶民は早桶や方形木棺を基本とし、五パーセント程度だが棺を用いず直《じか》に土葬される人もいた。なお、一七世紀には早桶が方形木棺のおよそ一三倍も多かったが、一八世紀前半には約一〇倍、一八世紀後半には約二倍と次第に差がなくなり一九世紀にはほぼ同数になっている。

次に大都市江戸の墓標についてみてみよう。増上寺徳川将軍家墓所では、歴代将軍墓は霊屋《たまや》＋木製宝塔（二代秀忠）→霊屋＋銅製宝塔（六代家宣）→霊屋＋石造宝塔（七代家継）→石造宝塔（九代家重・一二代家慶・一四代家茂）で、将軍の正室や側室の墓は将軍に準じて銅製ないし石造の宝塔、子息女墓は宝篋印塔を基本とする。江戸の大名墓は家ごとに墓標の種類が選ばれているが、五輪塔を中心に宝篋印塔や笠塔婆《かさとうば》が多い。旗本クラスでは宝篋印塔や笠塔婆が多いことから、宝塔を頂点として、五輪塔・宝篋印塔、笠塔婆の序列があったと思われる【図25】。

「墓石の先進地」である畿内や西日本・北陸・東海では、中世から近世にかけ墓石の連続性がうかがえるのに対して、新興都市江戸では、五輪塔や宝篋印塔など中世的な石塔に加え、新たに碑形の墓石の型式が生み出された。その代表が江戸城の石垣と同じ伊豆半島から産出する安山岩（伊豆石）で作られた板碑形の江戸型墓標である【図26―1・2】。板碑に詳しい磯野治司氏は、江戸石工の祖である泉州石工のモデル（形態）と徳川の故地である三河国岡崎石工のモデル（発想）とが融合して、江戸型墓標が創出されたとする（江戸遺跡研究会『近世都市江戸の墓』江戸遺跡研究会第三六回大会資料、二〇二四年）。江戸型墓標は元和五年（一六一九）頃に江戸で誕生した新たな墓石で、当初は武家や僧侶の墓石であったが、時代とともに一般庶民にまで広がり、元禄・宝永年間（一六八八～一七一一）頃まで江戸周縁部を中心に関東各地で最も主要な墓石となった（池上悟『石造供養塔論攷』ニューサイエンス社、二〇〇七年）。

このように江戸時代の墓制は、身分・階層により墓石や埋葬施設が厳格に定められていた点に特徴がある。江戸後期の江戸には労働力として檀那寺《だんなでら》を持たない多数の日雇い層がおり、彼らは人宿などの請人に介在されて「取り捨て」「投げ込み」といった埋葬をされ、墓石が建てられることはなかった（西木浩一『江戸の葬送墓制』〈『都史紀要』三七〉、東京都文書館、一九九九年）。また、江戸では墓地が手狭なため、御布施や付届けが途絶え無縁化した墓は「発キ捨」て、その跡に新たな埋葬を行っていたことが、古文書や新宿区の円応寺・発昌寺の発掘調査で明らかになっている。大坂でも前述の梅田墓地跡の調査では、新たな埋葬にともなう掘り返しや後世の撹乱などで二次的に移動した多数の人骨が発見され、同じ場所に次から次へと遺体が埋め続けられていた状況が分かってきた。江戸や大坂に暮らす下層民には死後安眠できる場はなかったのである。

「墓石時代」の到来

古墳が多数作られた時代を古墳時代と呼ぶなら、北は松前藩から南は鹿児島藩まで、上は将軍・大名から下は一般民衆までこぞって墓石を建てるようになった江戸時代はさしずめ「墓石時代」といえよう。約二六〇年に及ぶ江戸時代を通して、墓石は個人墓・夫婦墓から家族墓へと主体が移行し、それにより墓石の普及がよりいっそう加速化した。

これまで述べてきたように、墓石は死者の供養や死後の安寧を願う逆修を目的とする石塔に始まる。鎌倉時代に現われた板碑は中世の終焉とほぼ時を同じくして姿を消し、替わって江戸型墓標や位牌形墓標【図26―3〜5】といった碑形の墓標が現われる。板碑と違って五輪塔などの石塔は消えることはないが、碑形の墓石に押され、墓石全体に占める割合は低下する。江戸時代に伝統的な石塔を建てたのは社会的階層の高い人々であり、碑形の墓石は新たに墓石を建てるようになった庶民を中心に受容された。火葬された釈迦の分骨を納める仏塔に由来する石塔は、本来火葬と密接に結び付いていたが、江戸時代には火葬率が下がったこともあり、供養塔から墓標へと変貌した。

中世の石塔や板碑にも死者の戒名や没年月日を刻むものはあったが、近世には居住地や出身地、享年、さらにはそれらをひっくるめて故人の略歴や辞世などを記した墓誌を刻む墓石が現われる。こうした現象は墓石の造立目的が、供養・逆修から墓標や故人・先祖の顕彰へと変化したことを物語っている。

江戸時代の墓石は、地域によって多少の時差はあるものの、どの地域でも墓石の大衆化の第一波が到達する一七世紀後半から一八世紀初めと、家族墓が普及する一八世紀後半から一九世紀初めにかけて大きく変化した。前者による変化は地域差が大きく、新しく登場する墓石の形も地域ごとに違いがある。後者に関して最も家族墓に適した墓石は、四面に沢山の戒名や没年月日を刻みうる角柱形や箱形など方柱墓石である【図27】。家族墓の成立にともなって江戸中期に現われた縦長の角柱形墓石は明治以降、日本の墓石の主流となり、今日、石材業界では「和型」と呼ばれている。現在も西日本では「和型」が優勢だが、東日本では二一世紀に入って急増している「洋型」と呼ばれる横長の墓石と「和型」がほぼ拮抗状態にあるようだ。

江戸時代に墓石が広く普及したのには訳がある（関根達人『墓石が語る江戸時代』〈『歴史文化ライブラリー』四六四〉、吉川弘文館、二〇一八年）。

理由その1　直系家族からなる世帯の形成

理由その2　儒教思想に基づく祖先祭祀の浸透

理由その3　寺檀《じだん》制度の確立

理由その4　読み書きの普及にともなう文字文化の成熟

理由その5　海上交通網の整備による石材の遠距離輸送の実現

理由その6　石工の全国的拡散

江戸前期に生じた1と2が家族墓の形成を促し、そこに3が作用することで墓石が普及する発端となった。さらに江戸中期以降4〜6の条件が整うことで、墓石文化の裾野が社会的・地域的に広がった。1と2が墓石を建てる内的要因だとすれば、3〜6はそれを後押しする外的要因と捉えることもできよう。

家業の世襲を前提とした江戸時代には、人々は生まれてから死ぬまで一生を通して家という枠組みのなかで生きていた。現代を生きる私たちと違って、家を守ることと生きることはおそらく同義に近かったであろう。祖先から受け継いだ家をいかに子や孫に引き渡すかが人生最大の課題であった。そこに儒教による忠孝の精神が加わることで、祖先祭祀が熱を帯びることになる。視覚的効果の高い墓石はその祖先祭祀にうってつけの装置であった。墓石は江戸初期には一握りの人々のものでしかなかったが、家族墓の普及により江戸後期には庶民でもごく当たり前に墓石を建てるようになった。墓石を持つことが社会的に一人前と見做されるための暗黙の条件の一つになっていたのではなかろうか。江戸中期には遺跡から出土する仏花瓶・仏飯器・香炉などが増えていることから、位牌による祖先祭祀が庶民にまで拡大したと考えられる。このことは、墓地では墓石、個々の家や檀那寺では位牌が先祖供養の必須アイテムとして定着したことを意味する。位牌が普及するにつれ、今度は先祖代々の位牌を納める仏壇が必要となり、仏壇を置く仏間が登場することになる。

身分制社会の江戸時代には死者も生前の身分により序列化された。そして、それを最も視覚的に示すのが墓石なのである。同じ宗派のなかでは戒名が身分秩序に合わせて厳格に決められていたのに対して、公的な場で苗字を名乗ることが許されていない人々も墓石に苗字を刻むことが黙認されているのは、墓石による死者の序列化と矛盾するようで興味深い。

また、大名から庶民に至るまで、墓石を建てる際には同時代を生きる人々との関係性の中で分をわきまえるとともに、先祖の墓石との釣り合いをとる必要があった。近世史家の深谷克己氏は、遺訓や家訓、辞世・自死に関する記録を通して、江戸時代は「死者が生者を動かす時代」であり「死者と生者が昵懇な時代」と指摘した（『死者のはたらきと江戸時代』〈『歴史文化ライブラリー』三七一〉、吉川弘文館、二〇一四年）。遺訓や家訓など死者が生者を「支配する」方法はさまざまだが、なかでも耐久性に富み、視覚的効果の高い墓石は、幾世代にもわたり、現世を生きる人々に大きな影響を与え続けたのである。

英霊と軍人墓地の出現

近代の幕開けとともに墓にも大きな変化が起きた。幕末・明治維新の内戦に始まる戦死者など国に殉じた英霊を慰霊・顕彰するための施設の創設と、戦死者の墓の分離・規格化である。国に殉じた志士の神霊を祀る招魂場は、幕末に長州藩によって始められ、明治元年（一八六八）には太政官布告により、幕末動乱のきっかけとなったペリーの浦賀来航の嘉永六年（一八五三）以来の「国事ニ斃レ候諸士及ビ草莽有志ノ輩」の忠魂を慰めるため、京都東山に霊山官修墳墓が設けられた【図28―1】。こうした動きは諸藩に伝わり、各地に招魂社《しょうこんしゃ》が営まれ、慰霊・顕彰のための規格化された墓石が建てられた【図28―2】。その後、招魂社は日清戦争や日露戦争など対外戦争の戦没者を加え、日中戦争さなかの昭和一四年（一九三九）、護国神社に改称された。

一方、明治新政府の陸軍を創設した大村益次郎によって軍の中央機関が置かれることになった大阪では、明治四年、大坂城跡の南方約一キロに位置する真田山を兵隊の埋葬地とすることが定められ、最初の陸軍墓地と祭魂社（招魂社）が設けられた。最後の大規模内戦となった西南戦争では、大阪鎮台病院や難波宮跡に設けられた臨時野戦病院の戦病死者が旧真田山陸軍墓地に埋葬された。旧真田山陸軍墓地は、約一万五〇〇〇平方メートルの敷地内に五基の合葬墓（日露戦争四基・満州事変一基）、納骨堂とともに、将校、下士官、兵卒、軍役夫・職人・看病人でエリア分けされた約五三〇〇基の個人の墓石がある【図29】。

旧真田山陸軍墓地に始まる国営の軍人墓地は、朝鮮・台湾・旧樺太などの旧植民地を除き、陸軍墓地が北海道旭川市から沖縄県那覇市まで八七ヶ所、海軍墓地は北海道函館市から大分市（旧佐賀関町）まで七ヶ所、計九四ヶ所に上るという（山辺昌彦「全国陸海軍墓地一覧」『国立歴史民俗博物館研究報告』一〇二、二〇〇三年）。日中戦争による戦死者の急増を受け、昭和一三年、陸軍墓地規則が「一戦役又ハ一事変毎ニ一基」の合葬墓を原則とするように改訂され、それ以後は忠霊塔などへの合葬納骨が中心となった。死者一人ひとりの追悼よりも残された部隊などの精神作興の側面を重視する考えが広がるなかで、合葬墓や忠霊塔だけを残し、古い個人の墓石をすべて取り払う陸軍墓地も現れたのである（小田康徳・横山篤夫・堀田暁生・西川寿勝編著『陸軍墓地が語る日本の戦争』ミネルヴァ書房、二〇〇六年）。

陸海軍墓地以外にも、全国各地の寺や墓地で軍人墓だけを集めた区画を目にすることができる【図30】。それらの軍人墓の多くは、頂部が尖った角柱（方錘）型で、死亡地を刻むなど規格性に富んでいる。方錘型の墓石は、明治七年に陸軍省が定めた「陸軍埋葬地ニ葬ルノ法則」で制定された墓碑に則っている。戦死者は一般の墓地においても、家の先祖代々の墓石とは別に、一目で戦死者の墓と分かる方錘型の墓石が建てられることが多い。軍人墓が日本の墓に与えた影響は大きいといえよう。

【図 8】 古代の高僧の墓とみられる層塔

8-1　**鹿谷寺跡十三重塔**（国史跡） 大阪府太子町大字山田（2024 年 7 月 21 日撮影）

8-2　**慧日寺伝徳一廟**（町史跡） 福島県磐梯町大字磐梯堂東（2023 年 10 月 23 日撮影）

塔は釈迦の遺骨を納める仏塔（ストゥーパ）に由来し、日本でも古代には僧侶の火葬骨を納めた石造層塔が作られた。

奈良県と大阪府の県境に位置する二上山南西麓の鹿谷寺跡には、凝灰岩の岩盤に高さ 115 cm の如来三尊仏が線刻された奈良時代後期の石窟や、同じく岩盤を掘り残して作られた高さ 510 cm の十三重塔がある。層塔の初層南面の軸部には、火葬骨を納めるための縦 30 cm、横 19 cm, 深さ 40 cm の舎利孔がある。

南都法相宗の学僧徳一によって開かれたと伝わる会津磐梯山南麓の慧日寺跡の徳一廟内には輝石安山岩製の五重の層塔がある。総高は相輪宝珠を含め 255 cm。上重笠石と上重軸部は一石で、屋根は錣葺形である。初層の笠石の下面四隅には風鐸を下げるための穿孔がある、3 層軸石の納入孔からは舎利容器とみられる 9 世紀前半の小型の土師器の甕が発見されている。

【図 9】 奈良や南河内から始まった石塔

9-1 **当麻北墓五輪塔**（重要文化財） 奈良県葛城市当麻（2024 年 7 月 21 日撮影）

9-2 **忠禅上人層塔** 大阪府南河内郡太子町太子 2146（2024 年 7 月 21 日撮影）

奈良県と大阪府の県境にある二上山は、大和国の西方に位置し、夕陽が二つの峰の間に沈むことから、死者の魂が赴く西方極楽浄土の入口と考えられた特別な山で、山麓には山から産出する凝灰岩（松香石）製の古い石塔が分布している。

二上山の東南方、中将姫の蓮糸曼荼羅（当麻曼荼羅）で知られる当麻寺北側の墓地の高所に建つ総高 245 cm の五輪塔は、墓地の惣供養塔と考えられる。火輪の軒は厚く、壺形の水輪は宝塔に近く、地輪は低いことなどから、平安後期のものとされている。

二上山の西方、聖徳太子ゆかりの寺として知られる太子宗磯長山叡福寺には平安後期の五重塔である忠禅上人層塔と鎌倉中期の融通念仏宗宗祖良忍（聖応）大師御廟層塔、叡福寺南側の西方院には鎌倉前期の三尼公（恵善、善信、禅蔵）御廟所中央層塔と鎌倉前期から中期の五輪塔、西方院の南東には蘇我馬子の墓と伝わる鎌倉中期の層塔、叡福寺の東方には願蓮上人の層塔と東福院墓地の塔身に納骨穴を持つ鎌倉中期の層塔など、平安後期から鎌倉中期の凝灰岩製の石塔類が濃密に分布している。

【図 10】　奥州平泉の石塔と集石墓　岩手県平泉町・一関市（2024 年 4 月 15 日撮影）

10-1　中尊寺釈尊院墓地の五輪塔（重要文化財）

10-2　中尊寺願成就院の宝塔（重要文化財）

10-3　中尊寺常住院山王堂の宝塔

10-4　伝照井太郎高春五輪塔

10-5　中尊寺蓮台野の集石墓

日本最古の年号を持つ釈尊院墓地の五輪塔は、中尊寺の堂宇が集まる境内から集石墓が点在する蓮台野へ向かう古道の入口に建つ。一関市中里照井神社にある伝照井太郎高春五輪塔はもともと塚の上に建てられており、下からは蔵骨器が発見されている。平泉周辺に分布する平泉型の宝塔は大小二種類あり、総高 1 m を超す大型品は塔身部に経典などを納める空洞があり納入穴を持つものもある。常住院山王堂の宝塔は今なお、中尊寺の僧侶が剃髪した際に毛髪を納める習わしがあり、大型の宝塔の機能を示唆する。また、総高 70 cm 前後の小型の宝塔のなかには経塚の上に建てられたものもある。

【図 11】 鎌倉のやぐら（2024 年 6 月 23 日撮影）

11-1 明月院の羅漢洞やぐら（国史跡） 神奈川県鎌倉市山ノ内 189

11-2 浄光明寺のやぐら（国史跡） 神奈川県鎌倉市扇ガ谷 2-12-1

11-3 壽福寺のやぐら（伝源実朝墓）（国史跡） 神奈川県鎌倉市扇ガ谷 1-17-7

11-4 壽福寺のやぐら（国史跡）

都市整備により御家人ら武士が集住するようになった 13 世紀半ばから、鎌倉周辺の山麓部の断崖に方形や長方形を基調とする横穴を掘り、鎌倉在住武士を中心とする都市上層民が「やぐら」と呼ばれる供養堂兼納骨所を営むようになった。鎌倉周辺には約 1500 基のやぐらがあると推定され、北は川崎市、西は藤沢市・二宮町、南は三浦半島、東は東京湾を隔てた房総半島まで分布するが、鎌倉市域を出ると激減する。

アジサイで知られる臨済宗福源山明月院の開山堂横の通称羅漢洞やぐらは鎌倉最大級で、中央には宝篋印塔が置かれ、奥壁には釈迦如来と多宝如来、左右の側壁には十六羅漢の浮き彫りがみられる。鎌倉五山の一つ、臨済宗亀谷山壽福寺には北条政子や源実朝の墓と伝わるやぐらなど多数のやぐらがある。伝源実朝の墓は、壁に牡丹唐草文が描かれていることから、「唐草やぐら」や「えかきやぐら」と呼ばれている。墓室の中央には 14 世紀頃の五輪塔が置かれ、奥壁と側壁には納骨用の龕が穿たれている。

【図 12】　高僧の大型花崗岩製五輪塔（2024 年 7 月 20 日撮影）

12-1　**伝重源墓塔**（重要文化財）　奈良市川上町 623 東大寺伴墓

12-2　**西大寺叡尊廟**（県指定建造物）　奈良市西大寺野神町 1 丁目 6-10

12-3　**西方院五輪塔**（県指定文化財）　奈良市五条町 2-9-6

12-4　**西小墓地五輪塔**　京都府木津川市加茂町西小

東大寺を再建した伝重源墓は火輪が三角形の特異な五輪塔である。西大寺を再興し正応 3 年（1290）に没した叡尊墓は、荼毘所に二段の基壇を設け、その上に高さ 1 丈 1 尺（約 342 cm）の巨大な五輪塔が建つ。唐招提寺奥院である西方院の五輪塔は、下から発見された舎利筒から正応 5 年に死亡した唐招提寺中興 2 世証玄の墓と判明した。西小墓地の 14 世紀の大型五輪塔群は、南東に位置する浄瑠璃寺の高僧の墓の可能性がある。

【図 13】 近江源氏佐々木氏の宝篋印塔（国史跡） 滋賀県米原市清滝 288
天台宗霊通山清瀧寺徳源院 丸亀藩主京極家墓所（2008 年 1 月 24 日撮影）

讃岐丸亀藩主京極氏の始祖となる佐々木氏信は、宇多天皇から続く佐々木源氏の信綱の 4 男で、信綱から近江国江北六郡の土地や京都の高辻京極の居邸などを譲り受け、京極氏を称した。氏信は弘安 7 年（1284）に出家して道善と号し、弘安 9 年に自身の没後追善のため清瀧寺を創建した。清瀧寺は中興の祖とされる京極高次から丸亀藩 2 代藩主高豊の代にかけ京極家の菩提寺として整備され、整備後は初代藩主高和の法号から徳源院と称された。高豊による整備で墓所の上段に始祖氏信から 18 世高吉まで中世の歴代当主の宝篋印塔 18 基が集められ現在の形となった（左写真）。

墓所上段の石塔群は、13 世紀末から 16 世紀末までの約 300 年間の宝篋印塔の型式変遷を示す貴重な資料である。最も古い氏信の宝篋印塔には「永仁三年乙未 八月十三日 相当百ヶ日 忌辰造立之」の銘文があり、造立年と造立の経緯が分かる鎌倉時代の石塔として重要である（右写真）。

石材は永仁 3 年（1295）造立の氏信から元徳元年（1329）の 4 世宗氏までは花崗岩、文中 2 年（1373）の 5 世高氏から応永 8 年（1401）の 7 世高詮までは砂岩で、応永 20 年の 8 世高光以降 17 世高弥までは再び花崗岩となり、最も新しい天正 9 年（1581）造立の 8 世高吉の宝篋印塔は砂岩である。

【図14】惣　墓

14-1　**中山念仏寺墓地**　奈良県天理市中山町401（2024年7月21日撮影）

14-2　**総供養塔とみられる大型五輪塔**

14-3　**貞和5年（1349）銘の地蔵坐像石仏**

惣墓は畿内平野部を中心にみられる複数の村落の共同墓地で、郷惣墓や惣郷入会墓などとも呼ばれる。惣墓を構成する墓郷は、山郷・水郷・宮郷といった自然・地理的環境による集団とも近世の藩政村とも異なっており、中世の惣村に由来する紐帯に基づくとみられる。惣墓が15・16世紀に広がった背景には、中世農民の自治的な村落共同組織である惣村制の確立、百姓層の経済的地位の上昇、遊行僧が先導する念仏講などを通した民衆への仏教の浸透が指摘されている。惣墓の成立時期や成立過程は場所によって異なり、一つの惣墓でも墓郷の範囲や構成員の社会的地位は時代によって変化した可能性が高い。

奈良盆地の東端に位置する天理市中山念仏寺墓地は、天理市内の中山・成願寺・萱生・新泉・三昧田・兵庫・佐保庄・竹之内・岸田・長柄の10ヶ所の墓郷からなる大規模な惣墓で、9000基を超す墓石が林立している。総供養塔とみられる大型花崗岩製五輪塔や貞和5年（1349）銘の地蔵坐像石仏からみて、墓地の形成は14世紀半ばまで遡り、16世紀後葉には惣墓として機能していたと考えられている。

現在、惣墓は墓郷の代表者による墓地管理組合によって運営されているところが多いが、場所によっては地域住民の流動化にともない、新たな対応が求められている。

【図 15】 中世から続く西日本最大級の共同墓地と赤碕塔（県指定建造物） 鳥取県琴浦町赤碕鉢屋屋敷（2017 年 3 月 17 日撮影）

鳥取県琴浦町赤碕の海岸に面する花見潟墓地は、東西約 350 m、南北約 19〜79 m、総面積約 2 万㎡の敷地内に約 2 万基の墓石が林立する西日本最大級の共同墓地である。明治 24 年（1891）に妻セツと新婚旅行で松江から鳥取まで日本海沿岸を旅した小泉八雲（ラフカディオ・ハーン）は、『知られぬ日本の面影』の「日本海に沿うて」のなかで、花見潟墓地を「灰色の墓地」と表現し、人力車が全速力で通り抜けるのに 15 分は十分かかるほど長い墓地であったと記している。また、平成 22 年（2010）に放送されたスパイアクションドラマ「アテナ：戦争の女神」では花見潟墓地で壮絶な銃撃シーンの撮影が行われた。

墓地の東端近くには「赤碕塔」と呼ばれる高さ約 3.14 m の安山岩製の大型の石塔が建つ。赤碕塔は円筒形の塔身だけが宝塔に近く、他は宝篋印塔の形をとる独特の型式の石塔で、花見潟墓地のある赤碕周辺に分布することからその名がつけられた。花見潟墓地の赤碕塔は鎌倉時代末期のものとみられ、墓地はその頃から現在まで約 700 年かけて形成されたと考えられる。なお、墓地中央の海岸に面した場所には、鎌倉末期の船上山合戦に北条方として従軍した後この地に住んだと伝わる武将赤碕殿を顕彰するため、文政 3 年（1820）に赤崎番所役人の佐桐金左衛門が願主となり、地元の友三良が中心となって建てた赤碕殿塚碑（町指定文化財）がある。

【図 16】 東北地方の板碑

16-1　中別所板碑群（石仏）　青森県弘前市中別所葛野（2021 年 6 月 21 日撮影）

16-2　海蔵庵板碑群（市指定有形文化財）　宮城県石巻市尾崎宮下（2024 年 2 月 10 日撮影）

青森県では約 300 基、宮城県内では約 7000 基の板碑が確認されている。

岩木山東麓の弘前市中別所板碑群は、菅江真澄の『都介路迺遠地』にも記されるなど古くから知られ、公卿塚に 14 基、石仏に 35 基の板碑がある。石材は岩木山から産出する輝石安山岩（兼平石）である。公卿塚にある正応元年（1288）の板碑（重要美術品）を建てた源光氏は、弘前市長勝寺の嘉元の鐘（重要文化財）の寄進者の一人でもある。

北上川の河口の長面浦を望む丘陵斜面に位置する海蔵庵板碑群は、石組みのなかに納められた「よりとも様」と呼ばれる弘安 10 年（1287）の板碑から文安 4 年（1447）まで 137 基の板碑からなる。石材は粘板岩で、雄勝石（玄昌石）は鎌倉時代に限定される。発掘調査で黒漆塗の小箱や袋に納められた火葬骨、蔵骨器とみられる 13 世紀前半の常滑焼の甕、御正体として使われた 12 世紀後半の和鏡が出土している。中別所や海蔵庵の板碑は、鎌倉の北条得宗家との関連性が想定される。

【図 17】 高野山奥之院の一石五輪塔　和歌山県高野町高野山（2008 年 1 月 25 日・2016 年 3 月 10 日撮影）

奥之院には膨大な一石五輪塔があるが、銘文が刻まれたものは皆無に近く、墨書の痕跡もほとんど確認できない。本来、年号や戒名が記された紙が貼られていた可能性が考えられる。

古いものは五輪の形状を保っているが、次第に簡略化が進み、縦長の立方体に加工した石に数条の横線を入れただけのものや、その線すら入れられず、一見しただけでは、それが五輪塔と分からないものも多い。底が尖ったものは、地面に突き刺したと考えられる。

奥之院を埋め尽くす一石五輪塔には死後の安寧を願う庶民の願いが込められている。

【図 18】 西大寺奥院骨堂（県指定有形民俗文化財） 奈良県奈良市西大寺野神町 1 丁目 6-10（2024 年 7 月 20 日撮影）

真言律宗総本山西大寺中興の祖、興正菩薩叡尊の巨大な五輪塔（本書 33 頁【図 12-2】参照）がある西大寺奥院（法界躰性院）西側の墓地には、骨堂（コツンドウ）と呼ばれる方一間の瓦葺切妻屋根の建物がある。

壁は四面とも一門僧侶の五輪塔形板塔婆を打ち付け重ね合わせて閉ざしており、南面中央に納骨用の直径約 15 cm の円孔があるが、本来は南面に出入りのための扉があったと推定されている。内部の格子や四方の柱には歯や骨を納めた小さな木製五輪塔が約 120 基打ち付けられている。これら木製五輪塔には永正（1504～21）から元和（1615～24）までの年号が墨書されている。床は土間で、中央には興正菩薩叡尊のものに類似する五輪塔の基礎の部材が残されている。

「勅諡慈真和尚宣下記」の記事により、嘉暦 4 年（1329）には本建物の場所に骨堂が存在していたことが確認されることから、永正以前に建て替えがなければ、鎌倉末期にまで遡る可能性がある。

【図 19】 石塔の普及

19-1 滋賀県東近江市天台宗愛育王山石塔寺（2013 年 1 月 15 日撮影）

19-2 栃木県那須烏山市曹洞宗南台山天性寺の那須家六代の墓（市史跡）（2022 年 6 月 27 日撮影）

19-3 山梨県北杜市高根東井出の五輪塔群（2020 年 12 月 14 日撮影）

19-4 広島県尾道市因島曹洞宗賽鏡山金蓮寺の村上水軍墓（市史跡）（2016 年 2 月 21 日撮影）

19-5 熊本県人吉市真言宗伝法山願成寺の人吉藩主相良家墓所（県史跡）（2014 年 3 月 1 日撮影）

19-6 鹿児島県南さつま市坊津の一乗院跡墓地（県史跡）（2020 年 11 月 29 日撮影）

【図 20】 一石五輪塔と石堂

20-1　一石五輪塔　徳島県鳴門市大麻町池谷長田 103　高野山真言宗金倉山宝幢寺（2023 年 2 月 20 日撮影）

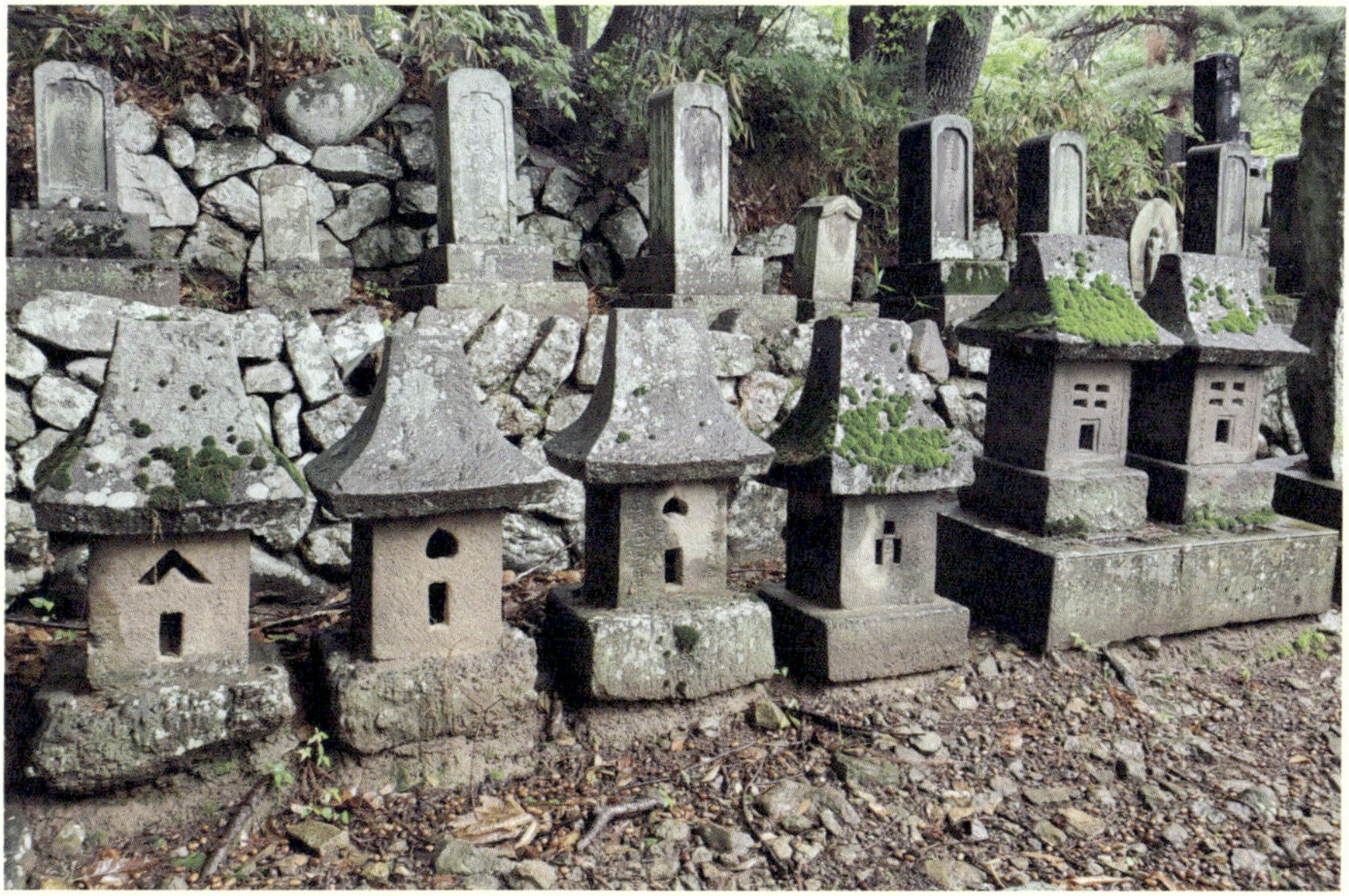

20-2　石　　　堂　長野県上田市中央北 1 丁目 5-7　曹洞宗天照山大輪院（2024 年 6 月 28 日撮影）

【図 21】 塔を刻む墓石

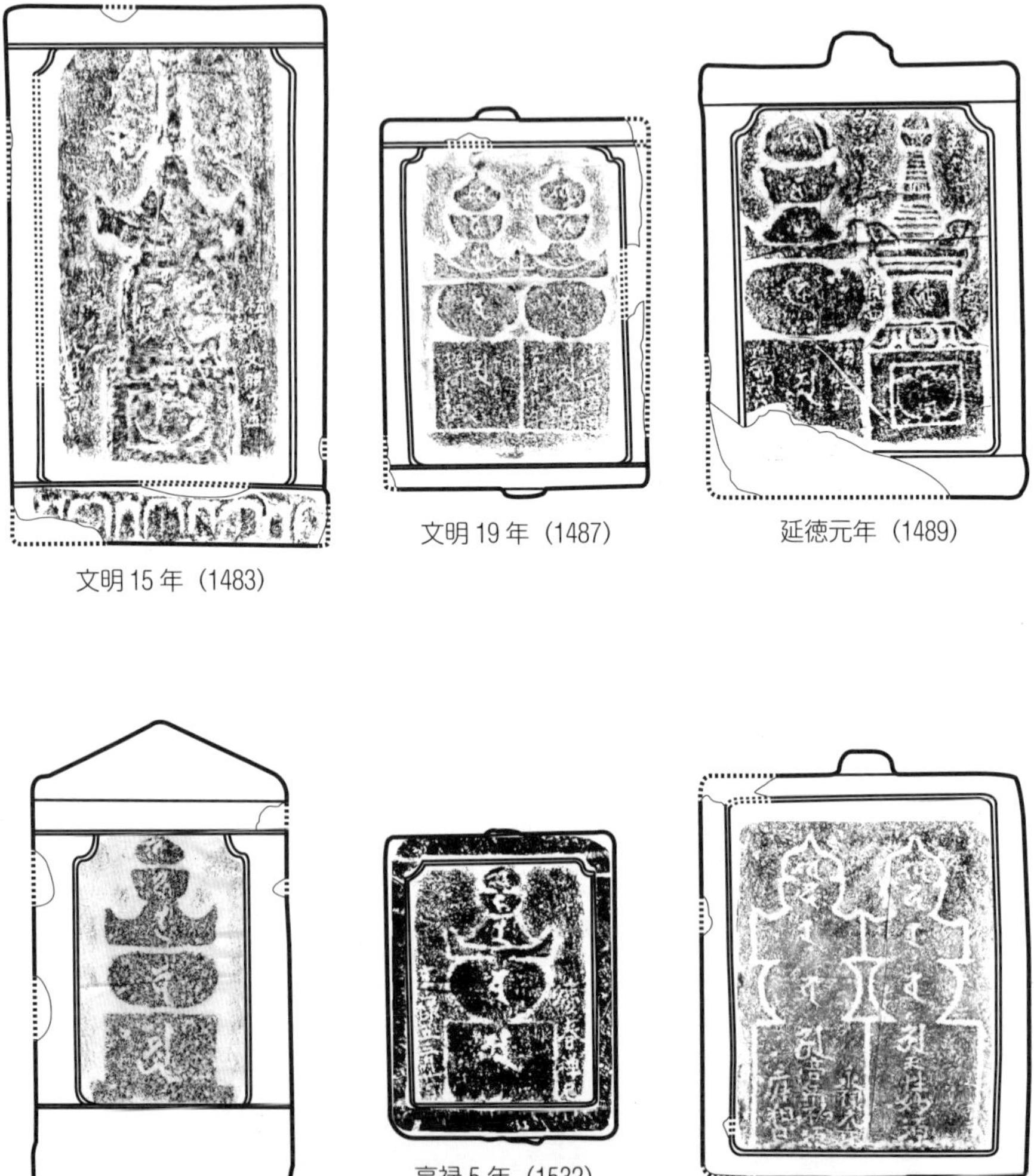

文明 15 年（1483）
文明 19 年（1487）
延徳元年（1489）
明應 4 年（1495）
享禄 5 年（1532）
永禄 6 年（1563）

全て福井県敦賀市内

【図 22】　扁平五輪塔・舟形五輪塔・舟形板碑・櫛形墓標

22-1　**扁平五輪塔**　京都府木津川市東山墓地（旧木津惣墓移転地）

22-2　**舟形五輪塔**　同上（2024 年 7 月 20 日撮影）

22-3　**舟形板碑と櫛形墓標**　京都府木津川市山城町上狛西下 55　浄土宗玉竜山泉橋寺（2024 年 7 月 20 日撮影）

近畿や北陸を中心に、墓石が中世的な塔から近世的な碑へ変化する過程で、非塔形墓標に五輪塔・宝篋印塔・宝塔などの塔を浮き彫り、または線刻した墓石が作られた（本書 42 頁【図 21】参照）。

奈良盆地では 16 世紀に一石五輪塔が扁平化した扁平五輪塔がみられ、次いで 16 世紀から 17 世紀には外形が舟形光背状の舟形墓標の前面に五輪塔を浮き彫りした舟形五輪塔（背光五輪塔）が数多く作られた。そして、17 世紀中頃には五輪塔を省略した舟形板碑が現われ、18 世紀初頭には舟形五輪塔と入れ替わる形で主体を占めるようになる。舟形板碑のピークは 18 世紀前半にあり、18 世紀後半には方柱形で頭部が弧状を呈する櫛形墓標に押される形で減少する。

【図23】 小型石仏

23-1　天台宗石塔寺の小型石仏　滋賀県東近江市石塔町 860（2013 年 1 月 15 日撮影）

23-2　真言宗浄土寺の小型石仏　広島県尾道市東久保町 20-28（2016 年 2 月 19 日撮影）

【図 24】 近世城郭に転用された中世の石塔

24-1　福知山城の天守台に転用された石塔　京都府福知山市（2015年5月12日撮影）

昭和61年（1986）の天守再建に先立つ福知山市の調査で、約500点の転用石が確認された。転用石に記された最新年は天正3年（1575）で、明智光秀による築城と年代的に合致する。

24-2　丸亀城の石垣修理で発見された五輪塔　香川県丸亀市（2024年2月29日撮影）

国史跡丸亀城は標高66mの龜山に築かれた平山城で、本丸・二の丸・三の丸・帯曲輪を足した石垣の高さは日本一といわれる。

平成30年（2018）7月から10月にかけ、大雨や台風の影響で南西部の帯曲輪や三の丸の石額が大規模に崩落し、現在もなお復旧工事が行われている。これまでに11600個余りの石が回収されたが、そのなかには五輪塔や一石五輪塔が含まれている。

【図 25】 江戸の上級武家の墓石

25-1 **宝　　塔**（区指定文化財） 紀州和歌山藩主徳川家墓所　日蓮宗大本山池上本門寺　東京都大田区池上 1-1-1（2018 年 1 月 10 日撮影）

25-2 **五　輪　塔** 奥州盛岡藩主南部家・八戸藩主南部家墓所　臨済宗南禅寺派勝林山金地院　東京都港区芝公園 3-4-5（2024 年 6 月 24 日撮影）

25-3 **笠　塔　婆** 旗本南部家（麴町候）墓所　臨済宗南禅寺派勝林山金地院　東京都港区芝公園 3-4-5（2024 年 6 月 24 日撮影）

25-4 **笠塔婆・宝篋印塔** 旗本三井家墓所　浄土宗三縁山広度院安蓮社　東京都港区芝公園 3-1-13（2024 年 6 月 24 日撮影）

池上本門寺の紀州和歌山藩（55 万 5000 石）藩主徳川家の御裏方墓所には、徳川将軍家と同じような宝塔が並んでいる。金地院は奥州盛岡藩（10→20 万石）藩主南部家や八戸藩（2 万石）藩主南部家、遠野南部家（1 万 2000 石）、旗本南部家（5000 石）など、南部一族の江戸の菩提寺となっている。盛岡藩主と八戸藩主の墓石は五輪塔で、遠野南部家や旗本南部家の当主墓は笠塔婆である。徳川将軍家の菩提寺の一つ、芝増上寺の塔頭の安蓮社にある遠近・武蔵に 1200 石の知行地を有した旗本三井家の墓石は笠塔婆で、埋葬施設は甕棺であった。

【図26】 江戸型墓標と位牌形墓標

左：26-1　江戸型墓標　埼玉県越谷市大泊910　安国寺（2019年6月17日撮影）
右：26-2　江戸型墓標　埼玉県草加市神明1丁目3-43　東福寺（2017年11月19日撮影）

江戸城の石垣と同じ伊豆産の安山岩を用いた江戸型墓標は、元和偃武により伊豆石の流通規制が緩んだことで江戸で新たに生み出された墓石と考えられる。

26-3　位牌形墓標　福井県坂井市三国町滝谷　瀧谷寺（2014年9月4日撮影）

26-4　位牌形墓標　青森県むつ市新町4-11　円通寺（2013年6月30日撮影）

26-5　位牌形墓標　島根県隠岐の島町西町大城1-14　善立寺（2017年3月8日撮影）

日本海沿岸には福井市内足羽山産の笏谷石製越前式位牌形墓標が広く分布する。

【図27】 方柱形の墓石

27-1　**方柱形の墓石を主体とする無縁墓**　福井県坂井市三国町南本町1-2　三国中央墓地（2014年9月1日撮影）

27-2　**多人数の供養に適した方柱墓石**　福井県坂井市三国町平山50-18　浄土宗哀愍山弘真院遐代寺（2014年9月11日撮影）

弘化2年（1845）に建てられた総高175 mの墓石の3面に38名もの戒名を刻む。

【図 28】 京都東山の旧霊山官修墳墓と各地の招魂社

28-1-1・2　**旧霊山官修墳墓と霊山表忠之碑**　京都府京都市東山区清閑寺霊山町（2024 年 7 月 19 日撮影）

28-2-1～3　**松前護国神社と館藩戦死者遺品埋納碑**　北海道松前町豊岡（2008 年 8 月 25 日撮影）

旧霊山官修理墳墓には、幕末動乱のきっかけとなったペリー浦賀来航の嘉永 6 年（1853）以来幕末維新に斃れた志士 1356 名が祀られており、太政官達で東京招魂社への合祀が決まった翌明治 9 年（1876）に明治天皇から御手元金が下賜されたことを記念し、志士たちの忠義を顕彰するため明治 12 年には銅鋳造の霊山表忠之碑が建てられた。

松前護国神社は戊辰戦争と箱館戦争で戦死した松前藩兵卒・民兵・役夫や新政府軍関係者を慰霊するため、明治 2 月 5 月に松前藩軍事方が設けた招魂場に始まり、明治 9 年に社殿を建て招魂社と改名、昭和 17 年（1942）に松前護国神社となった。境内には戊辰・箱館戦争で戦死した 65 名の松前藩関係者と西南戦争で戦死した 2 名の開拓士族の尖頭角柱形墓標 67 基、新政府側の長州山口藩・周防徳山藩・鹿児島藩・備後福山藩の戦死者 71 名を祀った駒形墓標 5 基、戊辰・箱館戦争で戦死し江差（檜山護国神社）に墓がある館藩関係者 26 名の遺品を納めた埋納碑がある。

【図 29】 旧真田山陸軍墓地　大阪府大阪市天王寺区玉造本町 14-83（2024 年 7 月 22 日撮影）

陸軍埋葬地では、明治 6 年（1873）の「下士官兵卒埋葬法則」により、神祭または仏祭とし他の葬法は認めないこと、墓標は木柱とすること、遺族らによる燈籠・水鉢の設置禁止などが定められた。翌年の改訂では、物価が安く余裕のある場合は石柱も可とされ、下士官は 6 寸角・高さ 2 尺 5 寸、兵卒 5 寸角・高さ 2 尺 5 寸の尖頭角柱（方錘）形に定められた。明治 7 年から 20 年までは徴兵により入隊後半年の研修期間が定められ、旧真田山陸軍墓地にはその期間中に死亡した生兵の墓標が多くみられるが、それらは頭部が櫛形で、上記の下士官や兵卒の墓標とは区別されている。

陸軍埋葬規則はその後もたびたび改訂を重ねていく。日清戦争を受け、明治 28 年には戦地で戦死した者、戦地での傷痍・疾病に起因して戦地以外で死去した者全てを陸軍埋葬地に埋葬することや、戦地に埋葬した遺骨の火葬と遺骨又は遺髪を還送して陸軍埋葬地に埋葬することが定められた。多くの戦死者が出た日露戦争をうけ、明治 37 年の「戦場掃除及戦死者埋葬規則」では戦死者の遺体は戦地で火葬または仮埋葬し、陸軍埋葬地には還送された遺骨や遺髪を埋葬するよう改められた。

【図 30】 家墓と区別された軍人墓

30-1　真言宗萬濤山梵音寺　香川県三豊市栗島 1604-1（2024 年 2 月 28 日撮影）

30-2　曹洞宗獅子巌山吉祥院　三重県紀北町引本浦 187（2019 年 8 月 28 日撮影）

コラム 1

カラフルな墓石

小浜は福井県の南西部に位置し、古代には若狭の国府が置かれた。若狭国は製塩が盛んで、若狭湾でとれる魚介類や海藻とともに都へ届けられ御食国《みけつくに》と呼ばれた。小浜には古くから日本海を航行する多くの船が入港し、陸揚げされた荷物は琵琶湖を経由して都へ運ばれた。若狭武田氏の六代当主武田元光は小浜の湊を臨む後瀬山に城を築き、山麓に守護館を置いた。江戸初期には京極氏によって若狭湾に面す

参考図 2（小浜市小浜西組飛鳥区）

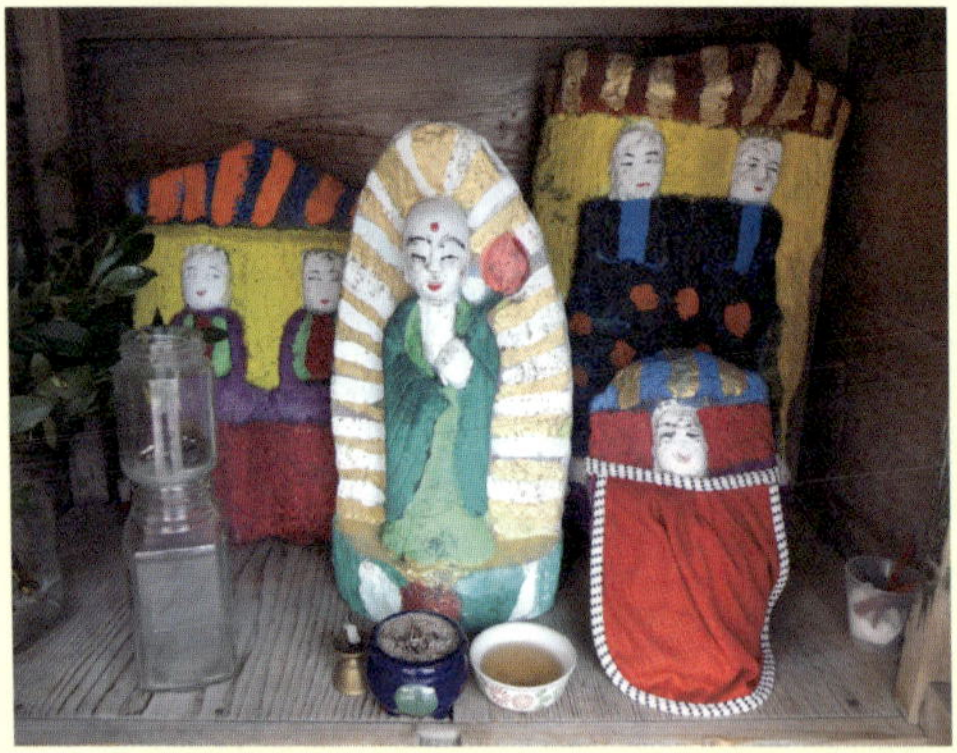

参考図 3（小浜市小浜西組大原区）

参考図 2〜5　住民に祀られている石造物

参考図4（小浜市小浜西組香取区）

参考図5（小浜市小浜西組大原区）

る北川と南川に挟まれた三角州に小浜城が築かれた。寛永一一年（一六三四）には京極家に替わり徳川家譜代の重臣酒井忠勝が入部し、近世を通して酒井家の城下町として、北前船の寄港地として栄えた。

筆者らは二〇一六・一七年に小浜の旧市街地にある中世・近世の墓石一万一一五五基の調査を行った。調査したなかでは応永二〇年（一四一三）の年号を持つ墓石が最も古いが、墓石が増加し始めるのは一七世紀初頭からで、その後一七五〇年代までは墓石の数、墓石に刻まれた人数とも順調に増加、一七六〇年代に一時的に数が落ち込むものの、その後は再び回復したことが分った。同じく墓石を悉皆《しっかい》調査をした三国や敦賀と比較した結果、三国や敦賀が寛文一二年（一六七二）の西廻り航路の確立以降、北日本海航路のターミナルの機能を失い打撃を受けるのに対して、小浜は日本海を西に進み関門海峡経由で大坂に向かう船や反対に大坂から松前・奥州方面へ向かう船の寄港が増えたことでますます繁栄したことが判明した。

小浜は「海のある奈良」と形容されるほど古寺・名刹が多い。守護館跡周辺は江戸時代には町人地となり、丹後街道に沿って古い町屋と寺院が残る。平成二〇年（二〇〇八）には小浜市小浜西組伝統的建造物群保存地区が国の重要伝統的建造物群保存地区に選定されるとともに、名産品である若狭塗の箸職人が登場するNHK連続テレビ小説「ちりとてちん」のロケ地にもなった。町屋と寺院が入り混じる伝建地区の街角には、一石五《ご》輪塔《りんとう》や小型の石仏など中世後期から近世の石造物を祀った小さな祠《ほこら》が点在している。それらの石造物は年に一回、地元の子供たちによってカラフルな色が塗られている（参考図2～5）。

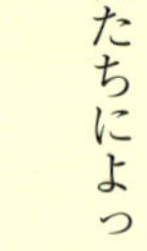

両墓制とは

埋め墓と詣り墓

定義をめぐって

両墓制《りょうぼせい》という言葉を耳にしたことはあるだろうか。両墓制は、遺体を埋葬する墓地（埋め墓）とは別に、石塔（墓石）を建てる墓地（詣り墓）を設ける墓制を指す民俗学によって提唱された用語である。民俗学では両墓制に関する関心は高く、その起源について、古くは祖霊信仰に基づく日本固有の古い習俗であり、古代の改葬・風葬習慣から両墓制が発生したとする見方（柳田國男「葬制の沿革について」『人類学雑誌』四四―六、日本人類学会、一九二九年）もあったが、今日では日本の土葬墓制史のなかに石塔という新たな要素が導入された際に派生したとする説が有力である（新谷尚紀・関沢まゆみ編『民俗小辞典　死と葬送』吉川弘文館、二〇〇五年）両墓制は、近畿地方を中心に、中国・四国、中部・関東地方の一部にみられるが、東北や九州では稀である。

一般に詣《まい》り墓が集落内の寺や堂に隣接した場所に設けられるのに対して、埋《う》め墓は集落から離れた山野や川辺・海辺などに存在する。しかし、場所によっては両者が近接していたり、あるいは詣り墓よりも埋め墓の方が集落に近かったりと、必ずしも一様ではない。埋め墓では、石塔の代わりに土盛りや石積み、枕石と呼ばれる自然石、生木、卒《そ》塔婆《とば》や木製角柱墓標などが墓印となる【図31】。

背景にあるもの

両墓制成立の背景には、埋葬墓地を死穢の場所として忌避する観念に加え、土葬された遺体から発せられる臭気や伝染病の感染を防ぐといった現実的な問題があったと考えられる。また、早桶《はやおけ》や箱棺（立棺）による土葬墓の上に重たい墓石を建てた場合、遺体が腐ることで土中に空隙が生じ、やがて地面が陥没、結果的に墓石が傾きかねない。そうした事態を回避する上でも、埋め墓と詣り墓を分離することは有効であったと考えられる。実際、越前・加賀や近世大坂城下町・江戸のように火葬が広く行われていたところでは両墓制はあまりみられない。埋葬墓地を集落から遠く離れた場所に設けて墓参をしないという死穢忌避の観念は、平安京の貴族たちの極端な触穢思想の影響が推定され、近畿地方周縁部に円環状に認められるという（新谷尚紀『両墓制と他界観』吉川弘文館、一九九八年）。両墓制は土葬を前提として、一六世紀頃に畿内を中心に墓石の普及によって生じ、その後、各地に広がっていった墓制と考えられよう。

戦後、火葬や火葬骨を納めるカロートの普及に反比例して、各地で両墓制の風習は急激に姿を消し、現在では墓地だけが残されているところが多い。筆者が確認したなかでは、奈良市北東部から京都府南部の木津川市にかけての山間部の村落では火葬が普及した現在もなお両墓制が比較的よく残っており、墓石のない埋め墓では火葬骨や火葬骨の入った骨壺を土中に埋め、その上に木製の角柱塔婆を建てており、なかには角柱塔婆のまわりに四十九院塔婆を巡らすところもみられた。また、瀬戸内の島嶼部など火葬場の建設が遅れ土葬が近年まで行われていたところでは、今でも埋め墓や詣り墓がよく残っており、両墓制の名残をとどめている【図32・33】。

【図 31】 両墓制の埋め墓　鳥取県西伯耆郡大山町石井垣（2018 年 5 月 20 日撮影）

埋め墓はサンマイ（三昧）やミバカ（身墓）などと呼ばれ、枕石と呼ばれる自然石などが墓標として置かれているところが多い（上写真）。この墓地は 1980 年代頃まで土葬が行われており、円形の早桶の痕跡（下段左写真）や死者に供えられた膳や線香立てなどがみられた（下段右写真）。

【図 32】 佐柳島の両墓制　上：長崎集落の墓地と石地蔵　下：本浦集落の乗蓮寺墓地　香川県多度津町（2024 年 2 月 27 日撮影）

佐柳島は多度津港からフェリーで約 50 分、周囲約 6.6 km、人口の倍以上の猫がいる「ネコの島」として知られる。墓地は島の北部の長崎集落と南部の本浦集落の真言宗宝岩山乗蓮寺にあり、いずれも海岸に面して埋め墓と詣り墓が分離・隣接し、詣り墓が集落側にある。長崎墓地の詣り墓（ホンバカ）に隣接する薬師堂には、海中出現の伝承を持つ室町時代の石地蔵（町指定有形民俗文化財）がある。長崎の埋め墓（県指定有形民俗文化財）はサキバカやマエバカと呼ばれ、海岸から運んだ円礫が積まれ、かつては葬式の際に身内が作ったデコと呼ばれる桐製の地蔵を棒の先に付け建てていた。

【図 33】　志々島の両墓制　香川県三豊市（2024 年 2 月 28 日撮影）

志々島は須田港からフェリーで粟島を経由し約 45 分、周囲約 3.8 km の島で、かつては漁業や防虫菊栽培が盛んで、戦前 1000 人いた人口は現在 20 名を切っている。

墓地は港のある集落の東端の埋め墓と、集落背後の丘陵に位置する真言宗福寿山利益院上方の斜面の詣り墓とに分かれているが、どちらもハカやボチと呼ばれ特別な呼称はない（上写真）。

集落に近い埋め墓の入口には六地蔵があり、その先に前面にすだれを掛け、内部に白木の位牌や膳などの供物を納めた高さ 70 cm 前後の小さな家型の廟墓が所狭しと林立している（中央写真）。埋め墓は墓参の対象となっており、かつてお盆には埋め墓の前の浜で船燈籠流しが行われていた。

利益院の背後の斜面には墓石が林立する墓地があるが無縁化している（下写真）。斜面上方に中世末から近世前期の古い五輪塔や石廟があり、下方には新しい墓石が多い。寺は昭和 56 年（1981）に無住となり、平成 16 年（2004）に本寺の多度津町本隆寺に本尊を移し、廃寺となった。

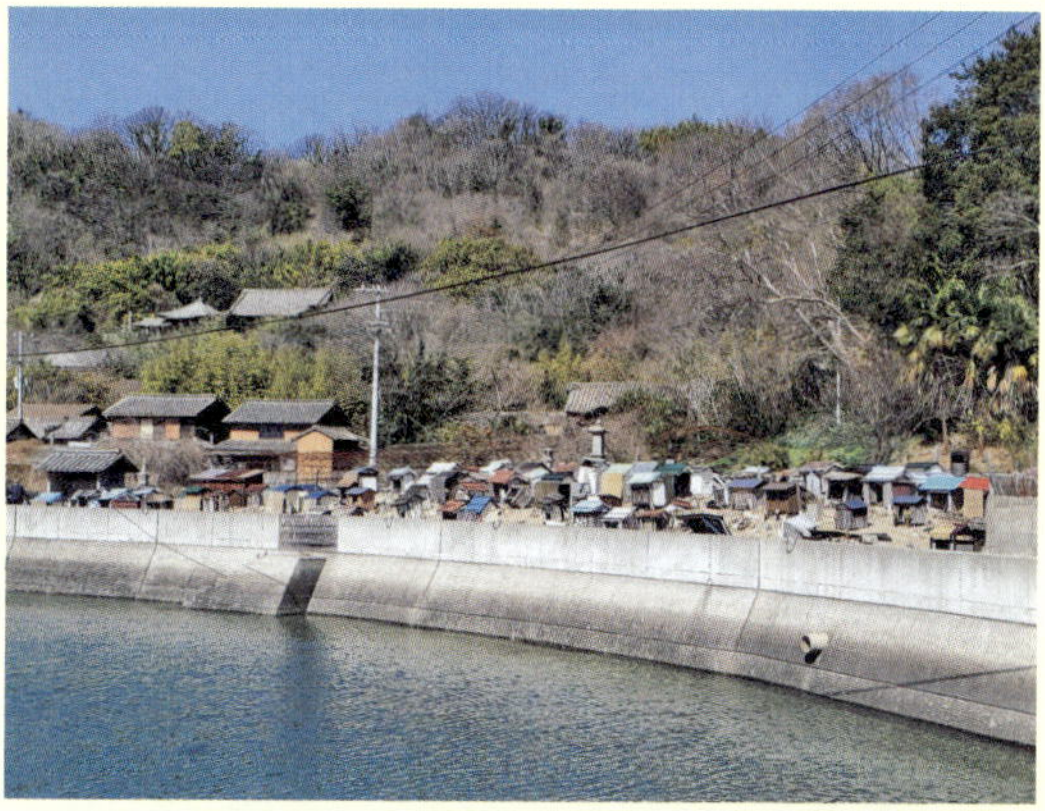

コラム 2

討ち死にした武士の墓

帖佐と黒木を領し島津宗家の家老などの要職を務めた豊州島津家の墓所（総禅寺墓地）には、慶長五年（一六〇〇）七月二九日に死亡した「天岩香春上座」という戒名の男性の板碑《いたび》形の墓石がある（参考図6・7）。墓石には「於洛陽伏見戦死去也」と刻まれていることから、関ヶ原の戦いの前哨戦である伏見城の戦いで討ち死にした島津義弘配下の武士の墓と考えられる。

弘前城下の新寺町寺院街の日蓮宗妙法山本行寺には、慶長一八年六月二一日に死亡した小倉葛右衛門の墓石がある（参考図8）。小倉葛右衛門は、二代藩主津軽信枚の時代に起きた最大のお家騒動、高坂蔵

参考図6・7　板碑型墓石（姶良市・豊州島津家墓所）

（墓碑部分）

人の乱の際、屋敷に立て籠もり、弘前城に向かって鉄砲を打ち抵抗を続けた蔵人の妻や家来を討ち取るよう命じられた（『工藤家記』）。葛右衛門は会津浪人の出で、三〇〇石で召し抱えられていたが、高坂蔵人の乱で鉄砲に当たり討ち死にし、残された妻に二〇〇石が与えられたという（『本藩明實録』）。隣国南部盛岡藩へ転出を図ろうとした高坂一族と彼に同調した者たちは、藩命により討ち取られた。高坂に賛同し斬首された者は一〇〇〇人を超すという（『津軽一統志』）。この事件により津軽家の家臣団は大きく再編成された。高坂と小倉は立場こそ違うものの、ともに非情な歴史の渦に飲み込まれ命を落としたことになる。墓石に刻まれた戒名「眞忠院殿戦哀日義」の「戦哀」は葛右衛門の死因を、「忠」と「義」の文字は藩命による名誉の戦死を意味していよう。

参考図8　小倉葛右衛門の墓石（弘前市・本行寺）

多様な近世大名墓

権力と身分秩序の象徴

参勤交代が生んだ本葬と分霊

江戸時代は、古墳時代と同じように権力者の墓が巨大化した時代といえる。ただ江戸時代の大名墓は、古墳と違って前方後円墳体制のような最高権力者を中心とする画一化された秩序に基づいて造営されたのではなく、家の個性や時に藩主の嗜好に左右されるところが大きいため、古墳に比べより多様性に富んでいる。貴族や中世の武家は、死を契機として寺院が建てられ、その開基になることが多いが、その場合でも墓所や墓石自体はさほど大きくはない。一方、豊臣秀吉の豊国廟《とよくにびょう》に始まる近世大名の廟墓は、墓所・墓石ともに抜きんでて大きく、大名を頂点とした身分秩序が墓制に現れている。秀吉の豊国廟や徳川家康の東照宮により墓所は権威の象徴性を発揚する場となり、それに倣って営まれた大名墓は、幕藩体制下で各大名家の権力の正当性を内外に示す役割を果したとされる（大名墓研究会編『近世大名墓の成立』雄山閣、二〇一四年）。近年、各地で史跡指定にともなう近世大名墓の調査・研究が進み、近世大名の葬墓制が戦国大名の造墓規範を継承しながらも、独自にそれを継承・発展させ、家（藩）ごとに葬儀礼を確立したことが明らかとなってきた（松原典明『近世大名葬制の考古学的研究』雄山閣、二〇一二年）。

近世大名は、家格・官位・石高・役職を反映した江戸城内の伺候席上、大廊下上之部屋から菊間広縁まで格付けされていた。将軍から一万石以上の領地を認められた大名は、全国に二六〇から二七〇家もあった。江戸時代を通して一つの大名家に平均一五名の当主がいたと見積もると、近世大名の総数は約四〇〇〇名に及ぶ計算となる。転封を繰り返した大名家では墓所の数はさらに増える。大名のなかには、死後、国元《くにもと》と江戸、さらには高野山などに複数の墓が作られる例が多いことから、江戸時代の大名墓は、当主の墓に限っても一万基近くに達すると推定される。近年はお城巡りのついでに大名家墓所を訪ね歩く人々が増えており、お墓巡りに便利なハンドブックも刊行されている（坂詰秀一監修『近世大名墓所要覧』ニューサイエンス社、二〇一〇年）。

多くの大名は参勤交代を義務付けられており、江戸と国元の二重生活をしていた。したがって江戸で亡くなる藩主もいれば、国元で息を引き取る藩主もいた。そのため江戸から遠く離れた場所に領国を有する大名家の多くは、国元と江戸の両方に墓所を構えることになった。国元で亡くなった大名は国元に埋葬されるのに対して、江戸で死亡した場合には、江戸の墓所に埋葬する、遺体（遺骨）を国元に運び埋葬する、遺骨を分けて江戸と国元の両方の墓所に納める、の三通りのケースがあった。興味深いのは、死後、江戸と国元の両方に墓が作られた大名が少なからずいることだ。火葬なら国元と江戸の両方の墓に分骨することもできるが、土葬の場合はそうはいかない。大名墓には、遺体が埋葬されている「本葬墓」のほかに、遺体をともなわない詣《まい》り墓としての「分霊墓」、転封などにともない遺体・副葬品などを改葬した「改葬墓」があるのだ。

大名墓は支配の正当性と格式序列を再確認し、藩内に政治的安定性をもたらす重要な装置（記念物）であった。そのため、江戸・国元に関わらず、墓所に歴代の藩主の墓を必要とした藩は多く、分霊墓には遺体（遺骨）の代わりに遺髪や爪、位牌などが納められている【図34】。本葬墓と分霊墓はみかけ上同じように作られており、今日、私たちが霊屋《たまや》や墓石など地上の施設から、その墓が本葬・分霊・改葬のどれなのかを見分けることはほぼ不可能である。実際、複数の墓を有する大名のなかには、すでに江戸時代に埋葬地（本葬墓）が判らなくなり、墓を掘り返して遺骨を探した例もある。大名墓に求められたのは遺体が埋まっているか否かではなく、そこに大名が祀られていることだった。

このように、近世大名の本葬墓と分霊墓は、表面上、現象としては両墓制《りょうぼせい》における埋《う》め墓と詣り墓と類似してみえるが、本質的には全く異なる原理に基づいており、民俗事象としての両墓制とは明確に区別すべきといえる。

大名墓の「博覧会場」

一六世紀末には、高野山上の各子院は全国各地の大名・武士と宿坊・師檀関係を結び、納骨・供養の依頼を受けるようになる。奥之院にある三〇万基超とされる石造物は、ユネスコの世界文化遺産「紀伊山地の霊場と参詣道」の構成資産の一つでもある史跡高野山町石とともに、高野山の石造文化を特徴付けている。なかでも奥之院にある全国各地の大名家によって営まれた大型の石塔類は、この地がいかに多くの人々の信仰を集めていたかを訪れる者に強く印象付ける。奥之院に墓所を営んだ大名家は、北は奥州松前藩主松前家から南は鹿児島藩主島津家まで一七〇家に達する（元興寺文化財研究所『史跡金剛峯寺境内（奥院地区）大名墓総合調査報告書Ⅰ』〈『高野町文化財報告書』第8集〉、二〇一九年）。全国に二六〇から二七〇あった大名家の六割以上が奥之院に墓所を有していたことになる。

奥之院では慶長期に始まる近世大名家による大型石塔の造営に先行して、伊予国の戦国大名河野道直の天正一五年（一五八七）銘の五輪塔《ごりんとう》、道直の母の天正一六年銘の五輪塔、天正一八年造立の石田三成逆修《ぎゃくしゅ》五輪塔など、人の背丈大の五輪塔が建立されている（木下浩良『戦国武将と高野山奥之院』朱鷺書房、二〇一四年）。慶長一二年（一六〇七）に徳川家康の次男結城秀康のために建てられた国内最大の石廟【図35】や、寛永四年（一六二七）に二代将軍徳川秀忠の三男駿河大納言忠長が生母江（崇源院）のために建てた奥之院最大の五輪塔（県史跡崇源夫人五輪塔・通称「一番石」）が示す通り、慶長から寛永期にかけ、奥之院は徳川将軍家を頂点とする近世大名家の分霊地として確立する【図36】。全国各地の諸大名が、競い合うようにして巨大な石塔を次々に建てた結果、奥之院はあたかも大名墓の「博覧会場」の様相を呈することとなった。江戸後期の文化年間（一八〇四〜一八）には全国の二五九の大名家のうち四割強の一一〇家が高野山に石塔を造立していたとされる（日野西眞定『高野山民俗誌』奥の院編、佼成出版社、一九九〇年）。奥之院の大名墓の大部分は分霊墓であり、大型の五輪塔が多いのと、石鳥居《いしとりい》が目立つのが特徴的である。奥之院の近世大名家墓所一七〇のうち、三割にあたる五一家の墓所に石鳥居が建てられている。

墓石を手がけた石工《いしく》に注目すると、奥之院の近世大名墓は、泉州石工による出現期（一六一〇年代）、泉州石工と大坂石工の併存期（一六二〇〜三〇年代）、大坂石工の第一次独占期（一六四〇〜一七〇〇年代）、泉州・大坂・江戸の併存期（一七一〇〜五〇年代）、大坂石工の第二次独占期（一七六〇年代以降）に分けられる。高野山奥之院での大名墓の造営は近世初期に始まり、各地の近世城郭石垣の築造が下火となる寛永期以降、石垣普請と入れ替わる形で大規模公共事業化した可能性が高い。奥之院での大名墓の造営を通して、寺社仏閣に奉納する宮物作りの石工が確立し、ブランド化した可能性がある。石工の職名は、泉州石工・大坂石工ともに当初は「石大工」であったが、一七世紀半ばにさまざまな呼称が使われた後、一七世紀後半には次第に「石工」に統一されていく。また、高野山奥之院で大名墓の石塔類製作に関わった石工は、奥之院での巨大な大名墓造立が下火となる一六九〇年代以降は奥之院の大名墓以外に鳥居や燈《とう》籠《ろう》なども手がけ、それらに名前を刻むようになる。

慶長年間（一五九六〜一六一五）後半に始まる高野山奥之院の大名墓所での大型石塔類の製作は、城郭石垣の受注量が減少する寛永期以降、畿内の石工集団にとってきわめて魅力的な仕事となったであろう。高野山奥之院で全国の大名家が大型の石塔を競い合うように次々と造営し始めたことにより、泉州石工と大坂石工が互いに製作技術を切磋琢磨し、ミヤモノやカタモノなど石造物の製作を専門とする石工が確立した可能性が高い。そのことは、彼ら自身の呼称が石垣から墓石まで多様な仕事を請け負う「石大工」から石造物製作に特化した「石工」に変わったことにも表れている。

高野山奥之院は、泉州石工や大坂石工の高い技術力を全国に示す「展示場」の役割を果たした。彼らの一部は出稼ぎや移住を通して全国に拡散し、江戸をはじめ各地に近世石工が誕生したのである。

大名墓の誕生と変遷

同じ大名墓でも国元の墓所は、江戸や高野山の墓と様相が大きく異なる。全国の大名墓が集まる江戸や高野山では、家ごとの独自性を持ちつつも、徳川将軍家を頂点とする大名間の身分秩序に則り、墓の型式や大きさにある程度の制約が窺える。一方、国元の墓では、大名を頂点とする藩内の身分秩序は存在するものの、大名家の個性が前面に出ており、多様である。多くの大名が江戸と国元に墓所を設けるなかで、少数だが本貫地に墓所を作り続けた大名家もある。その代表が若狭国小浜藩→出雲国松江藩→播磨国龍野藩→讃岐国丸亀藩と転封を繰り返した京極家である。近江源氏の佐々木氏信を始祖とする京極家は、中興の祖とされる京極高次から丸亀藩二代藩主高豊の代にかけ本貫地である滋賀県米原市に清瀧寺徳源院を建立、そこに氏信に始まる歴代の墓所を整備し、文化八年（一八一一）に江戸で没した五代藩主京極高中に至るまで、歴代藩主の墓所とした【図37】。また、徳川将軍家の古い分家で、戦国から江戸初期まで三河国深溝村（愛知県幸田町）を本拠としていた深溝松平家は、三河国吉田藩→丹波国福知山藩→肥前国島原藩と転封したが、寛文九年（一六六九）に島原に移ってからも幕末に至るまで、かつて本拠としていた三河国深溝にある曹洞宗瑞雲山本光寺に歴代藩主の墓を営み続けた。

権力者を祀る霊廟建築は、藤原鎌足の妙楽寺（談山神社）、聖徳太子の法隆寺夢殿、藤原不比等の興福寺八角堂など古代に遡る。また、寺院の創設者（開基）のための開山堂や御影堂も、東大寺開山堂（良弁堂）のように平安時代には存在していた。一方、貴族にかわって権力を手にした武家は戦国時代に至るまで小さな仏堂をともなう墓所、すなわち墳墓堂を営むことはあっても、大規模な霊廟を建てることはなかった。その流れを大きく変えたのが豊臣秀吉を祀った豊国廟である。慶長三年（一五九八）八月一八日に伏見城で死亡した秀吉は、遺命によりすぐさま京都・阿弥陀ヶ峯山頂に埋葬され、九月一一日には山腹の太閤担《たいこうだいら》と呼ばれる場所で廟の造営が始まり、翌年三月中旬に竣工、四月一八日に正遷宮が行われ、豊国大明神として祀られることとなった。豊国廟は北野天満宮に倣った権現造で、四面の庇部分を外陣とする仏堂に類似した平面を持つ（村上訒一『霊廟建築』〈『日本の美術』二九五〉、至文堂、一九九〇年）。秀吉の豊国廟や家康の東照宮により墓所は権威の象徴性を発揚する場となり、それに倣って営まれた大名墓は、幕藩体制下で各大名家の権力の正当性を内外に示す役割を果たしたとされる（大名墓研究会編『近世大名墓の成立』雄山閣、二〇一四年）。近世大名の霊廟が最も盛んに建てられたのは一七世紀で、一八世紀以降は急激に下火となる。徳川将軍家では芝の浄土宗三縁山広度院増上寺と上野の天台宗東叡山寛永寺を墓所としていたが、霊廟が営まれたのは正徳六年（一七一六）に死去し増上寺に葬られた七代将軍家継までで、八代吉宗は幕府財政の悪化を理由に新たな霊廟の建築を禁じ、それ以降の将軍は既存の霊廟に合祀されることとなった。一八世紀に全国的に大名の霊廟建築が激減する背景には、各藩の財政悪化と将軍家の墓制の変化があったと考えられる。そうしたなか、江戸時代を通じて霊屋を続けた数少ない大名家の一つが出羽国米沢藩主上杉家である【図38】。降雪量の多い日本海沿岸の大名墓のなかには、松前藩主松前家墓所【図39】や金沢藩主前田家墓所【図40】のように、木造霊屋よりも雪害に強い石廟を採用する例もある。また、台風の被害が多い九州の大名墓のなかにも、肥前大村藩主大村家墓所【図41】や薩摩宮之城島津家墓所【図42】のように石廟が存在している。

近世の大名墓は、地上の施設、葬法、埋葬施設などから、前期（一七世紀前半）、中期（一七世紀後半から一八世紀初頭）、後期（一八世紀前葉から一九世紀中葉）の三時期に区分することができる。

前期の大名墓は木造の霊屋や石廟など霊廟をともなうことが多く、土葬（座葬）と火葬が相半ばし、土葬では棺に桶・駕籠・輿などが用いられる点に特徴がある。副葬品は二代将軍徳川秀忠墓における鉄砲や、仙台藩初代藩主伊達政宗・二代藩主忠宗墓における具足《ぐそく》・鎧櫃《よろいびつ》などに「武人」としての性格が反映される一方、徳川秀忠墓におけるオランダ産アルバレロ形陶器水指や楽焼（二代常慶）の香炉、岡山藩二代藩主池田忠雄墓における志野天目茶碗など第一級の茶道具からは、「茶人」としての性格を読み取ることができる。前期の大名墓は、藩主の霊を「祀る」ことに主眼が置かれており、時として政治的目的から分霊が行われることもあった。藩主は死してなお、統治に貢献することが期待されたのである。

中期にも引き続き霊廟はみられ、大名墓は依然として藩主の霊を「祀る」という性格をとどめている。一七世紀は改易や御家騒動が頻発し、大名家の多くは政治的基盤が必ずしも盤石とはいえず、藩主の死に始まる代替わりの際には、極度に政治的な緊張が高まった。前期・中期の大名墓は単なる埋葬施設ではなく、支配の正統性と格式序列を再確認し、藩内に政治的安定をもたらす装置（記念物）という意味合いが強かったであろう。一方で、前期に比べ薄葬化した背景には、藩の財政的悪化に加え、藩主のカリスマ性の低下があったものと推測される。引き続き本葬墓では火葬と土葬が混在している。注目されるのは、土葬の場合、遺体を納めた内棺や保護する外棺に防腐剤として松脂《まつやに》（瀝青）を塗り、棺と棺の間に炭や石灰、三物（細砂・黄土・石灰）などを充填するなどの措置が採られるようになったことだ。こうした埋葬方法は中世以前の墓にはみられず、朱熹『家禮』の「喪禮」に従った新たな遺骸埋葬法であり、その背景には儒教の伝統的徳目の一つである「孝」に結び付く祖先祭祀の思想がある（松原典明『近世大名葬制の考古学的研究』雄山閣、二〇一二年）。儒教の中興者である朱熹が大成した朱子学が江戸幕府の官学であったことは広く知られているが、それは将軍を頂点とする大名の葬墓制にも多大な影響を与えていたのである。一七世紀後半には儒臣が重用され、彼らが政治を動かす役割を果たした。尾張徳川家・水戸徳川家・会津藩主保科松平家・岡山藩主池田家など有力大名が仏教以外に神道や儒教による葬制を開始し、それに倣う大名や影響を受ける大名が現われた。各地で先祖が眠る寺院とは別の場所に墓所が設けられ、戒名を刻む五輪塔や宝篋印塔《ほうきょういんとう》などの伝統的な墓塔ではなく、墳丘と位階や姓名・神号などを刻んだ墓表がセットとなる大名墓が誕生した【図43〜45】。

後期には大名家ごとに葬様式が確立するとともに、家の違いを超えて全体的に大名家墓所の平準化が進む。最も一般的なのは石室（石槨）木棺を基本とする土葬埋葬施設の上に基壇を構築し、その上に墓石を建てるものである。副葬品は中期以上に数珠をはじめとする仏具が含まれるようになる。前期・中期の大名墓が亡き藩主の霊を「祀る」ことに主眼を置いていたのに対して、後期の大名墓の多くは、「弔う」ことに重点が置かれる。大名家の支配が安定期に入り、藩主の死が藩の存亡に直結する危険性が薄らいだ結果、大名墓も質的変化を遂げたのである。そして、多くの大名家が藩政のターニングポイントで、祖先が眠る墓所の再整備を行っている。

庶民の墓と異なり大名墓は、墓石以外にもさまざまな施設をともなう。大名墓にみられる地上施設には、霊屋、拝殿、門、墓標・位牌（神主）、基壇、墳丘、堀、玉垣《たまがき》・土塁・板塀・築地・石柵、鳥居、敷磚《しきせん》、燈籠、花瓶、手水鉢《ちょうずばち》（水盤）、香炉（香台）、顕彰碑・神道碑などがある。そのなかで最も普遍的にみられるのが石燈籠である。石燈籠を奉納したのは大名の身内や家臣であり、亡き大名との関係性や身分によって、建つ位置が厳格に定められている。墓前や墓道に整然と並ぶ石燈籠には、墓石の大きさ同様、みる者に大名の権力をみせつける視覚的効果がある。重臣や近習により奉納された石燈籠は、大名墓が身分秩序を再確認する場であることを物語る【図46・47】。

多様な大名墓

徳川幕府の宗教統制政策の要である寺檀《じだん》制度、日本古来の神道、幕府が武家政治の基本理念とした儒学、この三者のバランスのなかで大名家が墓を営んだ結果、大名墓の多様性が生じ、墓石のない大名墓も現れた。これまで述べてきたなかでは、佐賀県大村市の日蓮宗萬歳山本経寺にある大村藩主大村家墓所の石廟内には墓石ではなく、戒名を刻んだ石製の位牌が置かれている（本書七八頁【図41】参照）。また、愛知県幸田町の曹洞宗瑞雲山本光寺にある肥前島原藩主深溝松平家の歴代藩主の墓は、一間社流造の石殿で、内部には戒名や没年月日を墨書した白木の位牌がある。神社の社殿を模した石殿、喪礼に則った埋葬施設、位牌の組み合わせに、神道・儒教・仏教が複雑に絡み合う大名墓の本質が現われている。宮城県仙台市経ヶ峯にある仙台藩初代藩主伊達政宗の瑞鳳殿、同じく二代藩主伊達忠宗の感仙殿、三代藩主伊達綱宗の善応殿では、霊屋内部に墓石などの墓標はなく、衣冠束帯姿の木造を納めた厨子が置かれていた（伊東信雄編『瑞鳳殿　伊達政宗の墓とその遺品』瑞鳳殿再建期成会、一九七九年、同『感仙殿伊達忠宗　善応殿伊達綱宗の墓とその遺品』財団法人瑞鳳殿、一九八五年）。中世の禅宗寺院では、開山の墓の上に堂を建て、内部にその肖像（頂相《ちんぞう》）を安置することが行われており、仙台藩主の伊達三代の墓はそれに倣った可能性が考えられる。

一七世紀の北東北の大名墓では霊屋内に木製の墓塔や墓碑が納められていることがあり、一八世紀には石製の墓塔や墓碑へと変化したことが分かる場合がある【図48・49】。実はこうした木製の墓標は、大名墓に限らず一般墓にも存在した可能性が高い。特に木材資源に恵まれる一方、地元に石工が育っていなかった一七世紀以前の東北地方では、木製墓標が相当数存在したと思われる。しかし、そうした木製墓標は、墓石と異なり屋外にあって長期間風雨に曝されて朽ち果ててしまい、大名墓の霊屋内に置かれたものだけが、奇跡的に今日まで残ったのではなかろうか。

墓石の代わりに木製の位牌や墓標があるだけならそう驚くに値しないかもしれないが、栃木県茂木町の曹洞宗塩田山能持院にある常陸谷田部藩主細川家の墓所にはさすがに驚かされる。何と、歴代藩主の墓標は、二代藩主の宝篋印塔を除き、全て墓石の代わりに植えられた杉なのである【図50】。藩主が亡くなる度に杉が植えられた結果、墓所は杉並木となっている。杉の前におのおの奉納されている石燈籠や石製の香炉がなければ、すぐには墓と気付かないであろう。もちろん地下には大名にふさわしい立派な埋葬施設が作られているはずだが、できた当時、少なくとも外見上は今流行の「樹木葬」とそう変わらなかったであろう。

【図 34】 弘前藩二代藩主津軽信枚の分霊墓　青森県弘前市西茂森 1 丁目 23-8　曹洞宗太平山長勝寺（2014 年 6 月 20 日撮影）

津軽家の菩提寺の一つ、長勝寺には五棟の霊屋（重要文化財）がある。そのうち本葬墓は、環月台（初代為信室戌姫墓）、明鏡台（2 代信枚室満天姫墓）、凌雲台（6 代信著墓）の 3 棟で、碧巌台（2 代信枚墓）と白雲台（3 代信義墓）は分霊墓である。

寛永 8 年（1631）に江戸で死亡した信枚は、はじめ浅草の天台宗清瀧山不動院常福寺に埋葬され、天和元年（1681）、4 代藩主信政の意向を受け天台宗東叡山寛永寺 36 坊の一つ、津梁院へ五輪塔を移し改葬された。長勝寺の信枚の霊屋内には、木製彩色五輪塔や寛文 11 年（1671）に京都で製作された花崗岩製無縫塔とともに、遺骨の代わりに遺髪が入った唐津焼の三耳壺が木箱に収められて置かれている。

【図 35】 結城秀康と長勝院の石廟（重要文化財） 和歌山県高野町高野山奥之院（2016 年 3 月 10 日撮影）

徳川家康の次男として生まれ豊臣秀吉や結城晴朝の養子となった秀康は、越前福井藩の初代藩主となり、慶長 12 年（1607）に国元で死去した。遺体は福井城下の曹洞宗天女山孝顕寺で火葬・埋葬されたが、同年、家康の命により福井城下に新設された浄土宗浄土院（現在の運正寺）に改葬された。

高野山奥之院の結城秀康廟は、福井市内の足羽山から産出する笏谷石を使い、慶長 12 年に作られた高さ 396 cm・幅 496 cm・奥行 375 cm の国内最大級の石廟である。隣には秀康の母で元和 5 年（1619）に没した長勝院の石廟が建つ。秀康の石廟内には秀康と殉死した 2 名の家臣とともに、秀康より先に亡くなっている兄の松平信康や弟の仙千代などの砂岩製宝篋印塔 5 基が納められていることから、造営には父家康の意向が強く働いていると考えられる。

秀康の石廟は、近世初期に盛行した木造霊廟建築の外観・構造・彩色を取り入れ、内壁には弥勒仏の兜率天浄土信仰を表わす四十九院を巡らす。屋根は、越前の主要な城郭建築にみられる笏谷石製の本瓦葺きである。秀康廟は、滋賀県米原市清瀧寺徳源院の若狭小浜藩主京極高次廟（本書 74 頁【図 37】参照）をはじめ、加賀前田家（同 77 頁【図 40】参照）、陸奥松前家（同 76 頁【図 39】参照）、出雲堀尾家など、後に続く近世大名家が採用する越前式石廟の規範となった画期的な廟墓といえる。

【図 36】 高野山奥之院最大の五輪塔（通称「一番石」）（県史跡） 和歌山県高野町高野山 （2016 年 3 月 10 日撮影）

2 代将軍徳川秀忠の妻となる江は、浅井長政と織田信長の妹お市の方の三女で、長女茶々（淀殿）、次女初（京極高次室）の妹として、天正元年（1573）近江小谷城で生まれた。秀忠との間に後に 3 代将軍となる家光をはじめ二男五女をもうけた江は、寛永 3 年（1626）、江戸城西の丸で死去した。遺体は麻布野で火葬され、家光により増上寺徳川家墓所に建てられた高さ 5.15 m の巨大な宝篋印塔の基礎（山梨県甲州市恵林寺境内の武田信玄公宝物館で展示）のなかに納骨された。慶安（1648～52）の頃から宝篋印塔が破損したため、宝篋印塔を埋めてその上に現存する屋根形八角堂の宝塔が建てられた。

一方、高野山奥之院には、寛永 4 年（1627）に駿河大納言徳川忠長により追善供養のために建てられた高さ 6.6 m の巨大な五輪塔がある。手がけたのは泉州石工の甚左衛門である。この五輪塔は奥之院で最大の墓石で、「一番石」の名で広く知られている。また、奥之院の讃岐丸亀藩主京極家墓所には、江の 33 回忌にあたる万治 2 年（1659）に 4 代将軍家綱が建てた六角宝塔がある。これは京極家に嫁いだ姉の初が、江の亡くなった寛永 3 年に建てた霊屋を建て直したものである。さらに、京都市左京区黒谷町の浄土宗紫雲山金戒光明寺には、春日局が建てた江（崇源院）の遺髪を納めた宝篋印塔がある。

「一番石」は先行する結城秀康の石廟とともに、奥之院に徳川将軍家を頂点とする近世大名家の墓所が形成される契機となった重要な墓といえよう。

【図37】 本貫地に営まれた大名墓（国史跡） 滋賀県米原市清滝288 天台宗
霊通山清瀧寺徳源院 丸亀藩主京極家墓所（2008年1月24日撮影）

讃岐丸亀藩主京極家は始祖佐々木氏信の本貫地である近江に墓所を設けた。菩提寺である徳源院の墓所は、上段に氏信から18世高吉まで、中世の歴代当主の宝篋印塔18基が集められている（本書34頁【図13】参照）。下段山側には石廟1棟と4棟の木造霊屋が一列に並び、その前に石燈籠16基、宝篋印塔11基、五輪塔3基がある。笏谷石製の石廟は中興の祖で若狭小浜藩主京極高次の墓で、内部には笏谷石製の宝篋印塔がある。木造霊屋は丸亀藩2代藩主高豊から5代藩主高矩までの墓で、花崗岩製の宝篋印塔が納められている。同じ墓域には支藩の多度津藩主京極家の墓も営まれており、初代藩主高通から5代藩主高琢まで5基の花崗岩製宝篋印塔がある。なお、下段の墓域内には元弘元年（1331）の後醍醐天皇による倒幕計画（元弘の変）に与したとして捕まり、氏信の曾孫京極高氏（佐々木道誉）により鎌倉へ護送される途中、この地で処刑された北畠具行の宝篋印塔も存在する。

清瀧寺徳源院の京極家墓所は、鎌倉幕府の御家人に始まり、守護大名を経て近世大名に至る500年以上続く墓の変遷がたどれる稀有な大名墓といえる。

【図 38】　霊屋が作り続けられた米沢藩主上杉家墓所（国史跡）　山形県米沢市御廟 1 丁目 5-32（2022 年 1 月 23 日撮影）

初代藩主上杉景勝から天保 10 年（1839）に死亡した 11 代斉定まで、歴代藩主の霊屋 11 棟が横一列に並ぶ。景勝は元和 9 年（1623）に米沢城で死去し、「城西ノ郊原」で火葬され、遺骨は高野山へ移送された。一方、米沢では遺灰や衣冠を納める廟所が造営された。景勝廟は本来独立した基壇の上に建つ五輪塔を納めた一間四方の入母屋造の霊屋で、正面に拝殿と両側に石燈籠が並ぶ参道があった。

7 代宗房までは火葬で、遺骨は高野山へ送られ、国元には入母屋造・妻入の霊屋が営まれた。8 代重定以降は土葬で、霊屋は宝形造である。明治 9 年（1876）、米沢城本丸東南隅の高台から上杉謙信廟（閟宮）を移築・造営した際、景勝廟の拝殿と石燈籠を撤去、参道を西側に移設した上、3 代・5 代・7 代・9 代の霊廟と同一の基壇に改変され、現在の廟所の景観となった。

【図 39】 石廟が建ち並ぶ松前藩主松前家墓所（国史跡） 北海道松前郡松前町松城 307 曹洞宗大洞山法幢寺（2006 年 11 月 5 日撮影）

松前家の始祖である武田信廣の義父の蠣崎季繁から最後の藩主 18 世徳廣まで、歴代の当主 19 名、当主室（後室含む）13 名、側室 2 名、子息女 21 名、子息室（側室含む）2 名、当主実父 1 名、召使 1 名、不明 3 名の計 62 名の 50 基の墓がある。墓所の造営は、寛永 18 年（1641）に没した 7 世公廣の石廟に始まり、それ以前の墓は文政 4 年（1821）の復領以後、墓所の整備にともない設けられたと考えられる。

23 基ある石廟内の墓標は、別石五輪塔 17 基、一石五輪塔 5 基、宝篋印塔 1 基である。7 世公廣・8 世氏廣・9 世高廣の石廟は、全て屋根は切妻・妻入で、壁と柱は別材である。3 基とも四隅の柱に四門八塔を刻み、内法に天女を陽刻する。11 世邦廣以降の石廟は柱と壁が一体型となり、13 世道廣以降の石廟は縦長のプロポーションとなる。石廟内壁の四十九院塔婆は、薬研彫（7 世・8 世）→線刻（9 世）→線刻枠内に金・朱書（7 世公廣後室藤姫・8 世氏廣室清姫）→枠・文字ともに金・朱書（11 世邦廣・12 世資廣）と次第に省略化が進む。なお、石材は、12 世資廣までは福井産の笏谷石が主流で、それ以降は全て瀬戸内産の花崗岩に変わる。

【図 40】 方墳の前に石廟がある金沢藩主前田家墓所（国史跡） 石川県金沢市野田町　野田山墓地前田利家 7 女千代の春光院廟（2008 年 3 月 12 日撮影）

金沢城の南西約 3.5 km に位置する野田山には、藩主前田家や家臣の墓所が営まれた。野田山墓地は天正 15 年（1587）に藩祖前田利家の兄利久を葬ったことに始まるとされ、慶長 4 年（1599）には、死に際して利家が野田山に自身の墳墓築造を遺言し埋葬された。

藩主前田家墓所は、標高 110〜160 m 台の最も高所に位置する。利家から寛永 18 年（1641）に没した利家の 7 女千代（細川忠隆室、前田家家臣村井長次に再嫁）までの 17 世紀前半の墓は標高 150 m 台にあり、利家とまつ夫婦を中心とする血縁者の 9 基の墓が上下 2 段に隣接して営まれている。それらは溝に囲まれた巨大な方形有段墳丘墓で、前方に笏谷石製の宝篋印塔を納めた石廟をともなう。

明治 7 年（1874）に前田家が神道に改宗したのにともない、明治 10 年には高徳院廟（利家）、瑞龍院廟（2 代利長拝墓）、芳春院廟（まつ）、玉泉院廟（利長室永）の石廟が撤去されており、野田山に現存する石廟は 8 基である。8 基中 6 基は利家の子や孫で、残る 2 基は加賀八家で利家の 7 女千代が再嫁した村井長次と加賀八家奥村宗家 2 代目当主で金沢藩家老の奥村栄明の墓である。なお、17 世紀前半の藩主前田家の埋葬方法は火葬が主流とみられる。

万治元年（1658）に死亡した 3 代藩主利常以降は、標高 110〜120 m 台の場所に新たに墓域を設け、そこが手狭になると 19 世紀には東方の標高 130〜160 m の斜面を段切りして墓域が作られ、明治 3 年（1870）没の 12 代斉広室真龍院までの墓が営まれた。藩主墓は引き続き巨大な方形有段墳丘墓だが、石廟が消え、前庭部をともなうようになった。これら藩主墓は不規則に配置されており、その間に側室や子女の前庭部を持たない小規模な墳丘墓が営まれている。また、側室や子女の墓は金沢城下の寺院墓地にも営まれるようになるとともに、3 代利常の殉死者を除いて家臣の墓は前田家墓所から消え、丘陵下方斜面に造られるようになる。火葬から土葬に変わった時期は不明だが、18 世紀後半には藩主墓は土葬が主流となっている。

野田山の前田家墓所は、北陸の開山堂に起源を持つ越前式石廟と他に例をみない方形有段墳丘墓を組み合わせることで、藩祖利家が創出した私的な墓から出発し、独自の形態を維持しつつも藩主を頂点とする近世的大名墓へと変化した墓所といえる。

【図 41】 仏教に改宗した肥前大村藩主大村家墓所（国史跡） 長崎県大村市古町 1-64 日蓮宗萬歳山本経寺（2008 年 2 月 12 日撮影）

大村藩初代藩主大村喜前の父純忠は日本初のキリシタン大名として知られる。喜前自身も洗礼を受けていたが、加藤清正の勧めにより日蓮宗に改宗、慶長 10 年（1605）、教会の跡地に本経寺を建て、菩提寺とした。本経寺にある純忠墓は後世に合祀されたもので、元和 2 年（1616）に没した喜前の墓も文化 2 年（1805）に再建されており、当初の姿は不明である。

最も古い元和 5 年に死亡した 2 代藩主純頼の墓は五輪塔だが、慶安 3 年（1650）没の 3 代純信と宝永 3 年（1706）没の 4 代純長の墓は高さ 6 m を超す巨大な笠塔婆である。正徳 2 年（1712）に没した 5 代藩主純尹の墓は石廟、元文 3 年（1738）没の 6 代純庸と寛延元年（1748）没の 7 代純富の墓は巨大な五輪塔で、宝暦 10 年（1760）没の 8 代純保から明治 15 年（1882）没の 11 代純顕までの墓は再び石廟となる。石廟は萱瀬石と呼ばれる玄武岩で作られ、単層入母屋造で瓦屋根や柱・梁・桁など木造建築同様、精巧に表現しており、内部は木製の扉を挟んで前室と戒名を刻んだ位牌を安置する奥室に分かれる。文化 12 年没の 9 代純鎮と天保 9 年（1838）没の 10 代純昌の石廟は、外壁に故人の事蹟を記し、天井を金箔貼りの格子天井とするなど壮麗である。

本経寺大村家墓所は、異様に長大化した笠塔婆、石製位牌を納めた石廟、巨大な五輪塔が混在している。これら巨大な藩主墓は長崎街道からもよくみえ、大村家がキリスト教を棄て、仏教に深く帰依していることを対外的に表明する役割を果たした。

【図42】 石廟が建ち並ぶ薩摩宮之城島津家墓所（国史跡） 鹿児島県さつま町虎居松尾 臨済宗大徳山宗功寺跡（2020年11月30日撮影）

宮之城島津家は島津宗家、一門に次ぐ一所持のなかでも大身分4家の一つで、1万石余を領した。菩提寺の宗功寺跡には寺を創建した2代忠長から嘉永5年（1852）没の14代久寶まで歴代当主夫妻・子女、忠長の殉死者の墓や、5代久竹が延宝6年（1678）に父の4代久通の墓前に建てた亀趺碑（「島津久通祖先世功碑」）がある。

歴代当主と子女の墓は、慶長15年（1610）没の2代忠長と寛永4年（1627）没の2代室の墓のみ阿多溶結凝灰岩製の宝篋印塔で、他は宝篋印塔を納めた石廟である。31基の石廟は、忠長の嫡男で慶長14年没の忠信墓のみ宝形造で台石がなく、寛永17年没の久通嫡男久武墓以降は入母屋造で台石をともなうようになる。また、延宝2年没の久通墓からは基壇の上に台石が載ることで高さが増すとともに、被葬者の身分で装飾などに違いが生じている。石廟には当初、地元で採れる加久藤溶結凝灰岩が使われていたが、宗家から嫁ぎ宝永5年（1708）に没した久竹室墓以降は加治木周辺の阿多溶結凝灰岩に変わる。廟墓の変遷や階層性がよく分かる点で重要である。

【図 43】 会津藩主松平家院内御廟（国史跡） 福島県会津若松市東山町大字石山（2021 年 3 月 23 日撮影、写真は 3・5～7・9 代の墓所がある入之峰地区）

会津藩 23 万石の藩主松平家墓所は、神葬された初代藩主の保科正之が眠る猪苗代町土津神社境内にある見祢山墓所と、若松城の東方 2.5 km、2 代保科正経から大正 9 年（1917）に東京から改葬された 9 代松平容保までが葬られている院内御廟がある。

院内御廟は明暦 3 年（1657）に没した正之の嗣子正頼の埋葬に始まる。墓所は 2 代墓所、3・5～7・9 代の墓所がある入之峰、4・8 代墓所のある中丸山、藩主の継室や子女の墓がある中之御庭と西之御庭の 5 ヶ所に分かれており、墓所の南端部には家老の西郷家、西端部には重臣の杉田家の墓地がある。

天和元年（1681）没の 2 代正経は仏式で葬られ、墓は方形基壇上に法号を刻んだ家形の宝塔が建ち、手前に拝殿をともなう。3 代以降は初代正之墓を踏襲した神式の墓で、下から亀趺形の中国式神道碑のある下段平場、石垣で補強された切り土斜面、石敷の墓道と燈籠がある前庭部、竿石に官姓名を刻んだ表石、頂部には周溝をともなう八角墳の上に、笠石・藩主の霊号を記した竿石・台石からなる八角形の鎮石が置かれている。一方、継室や子女は、神道形式で葬られた正之の子の正頼と正墨を除き仏式で、戒名や没年月日・墓誌などを刻んだ櫛形や笠塔婆形の墓石、家形の宝塔などが建つ。

『会津鑑』や『会津藩家世実記』などの文献記録から、藩主墓の主体部は石槨内二重木棺墓で、遺体は白木の内棺に納められ、外棺は漆塗りと分かる。また、木棺を保護するため瀝青（松脂）・漆喰・三物（細砂・黄土・石灰）・炭などが使われている。

藩主とその後継者だけが神式葬の対象となったことを示す墓所として貴重である。

【図 44】　岡山藩主池田家和意谷敦土山墓所（国史跡）　左：池田輝政墓の亀趺碑　右：池田光政・勝姫夫妻の墓　岡山県備前市吉永町（2018 年 10 月 18 日撮影）

岡山藩主池田家墓所は、初代藩主光政が岡山城の東北方約 40 km、標高 350～400 m 前後の山地に設けた和意谷敦土山墓所と、2 代綱政が元禄 11 年（1698）に城下に創建した臨済宗護国山曹源寺境内の正覚谷墓所がある。慶安元年（1648）に池田家の菩提寺である京都妙心寺護国院が炎上、承応 4 年（1655）、光政が岡山城内で儒式による祖先祭祀をはじめ、万治 2 年（1659）には城内に祖廟を設け神主を祀った。寛文 5 年（1665）、光政は家臣の津田永忠に祖父輝政と父利隆の改葬地を探すよう命じ、翌年から敦土山で墓地の造営が始まった。改葬は 7 年に実施、9 年には光政による墓祭が行われた。

墓所は、輝政墓がある一のお山、利隆と鶴姫夫妻墓のある二のお山、光政と勝姫夫妻墓のある三のお山、8 代藩主慶政と宇多子夫妻墓のある四のお山、9 代藩主茂政と萬寿子夫妻墓のある五のお山、輝興（赤穂藩 2 代藩主）・輝尹（2 代綱政子）・恒元（山崎藩初代藩主）・政元（同 2 代藩主）などの墓がある六のお山、利政（利隆弟）・政虎（同）・政貞（光政弟）・六姫（光政娘）の墓がある七のお山からなる。

和意谷敦土山墓所への埋葬は儒葬式で行われ、墳墓の前に位階や名前が記された墓表が建ち、玉垣が巡る。正徳 4 年（1714）没の 2 代綱政から天保 13 年（1842）没の 7 代斉政までの歴代藩主は、菩提寺の曹源寺で仏式により葬儀が行われ、仏殿の奥にある正覚谷墓所に墓が営まれた。和意谷の利用が再開されるのは、慶応 4 年（1868）に死亡した 9 代藩主茂政の正室萬寿子以降である。岡山藩主池田家の和意谷と正覚谷の両墓所は、外様有力大名の葬墓制が、大名個人の思想的信条を反映する一方で、同時に幕府への遠慮も働き、儒教と仏教の間で微妙なバランスの上に成り立っていたことを物語っている。

【図 45】 徳島藩主蜂須賀家墓所（国史跡）（2023 年 2 月 18 日撮影）

45-1 **興源寺墓所** 徳島市下助任町 2-45

45-2 **万年山墓所** 徳島市佐古山町

阿波・淡路 25 万 7000 石を領した徳島藩主蜂須賀家は、徳島城下に仏葬式と儒葬式の二種類の墓所を営んだ。前者は藩祖家政の異父兄東嶽が徳島城内に開いた臨済宗江岸山福聚寺を、寛永 13 年（1636）に 2 代藩主忠英が城の北約 600 m の地に移した大雄山興源寺墓所であり、後者は儒教に傾倒した 10 代藩主重喜が藩政改革の一環として明和 3 年（1766）に城の南西に位置する眉山北麓に設けた万年山墓所である。

興源寺墓所には藩祖家政・初代藩主至鎮・2 代忠英・3 代光隆・4 代綱通・5 代綱矩・9 代至英（以上、土葬）と 6 代宗員（火葬）の本葬墓、家祖正勝・8 代宗鎮・10 代重喜・11 代治昭・12 代斉昌・13 代斉裕の遺髪を納めた分霊墓がある。何れも正方形の独立した基壇があり、その上に五輪塔（家祖家勝・3 代～6 代・9 代)、無縫塔（2 代)、位牌形墓標（藩祖家政・初代至鎮・10～13 代）が建つ。家政と至鎮の墓標は後世に建てられたもので、石材は政勝の砂岩製五輪塔を除き、全て花崗岩である。

万年山墓所は東の清林谷と西の巴蛇谷に挟まれた東西 320 m、総面積 19 万㎡の広大な敷地を持ち、中腹の標高約 170 m 地点には明和 3 年（1766）に巨大な結晶片岩の岩盤に万年山造営の趣旨を刻んだ「阿淡二州太守族葬墓域碑」、清林谷と巴蛇谷には墓域を画する結晶片岩を積んだ高さ 1 m の石塁、山裾部には「御墓山」と刻んだ花崗岩製の境界石がある。万年山墓所は、尾根筋を削って造成した 14 ヶ所の平場に、8 代・10～13 代藩主、11 代正室や側室、子女合わせて江戸時代に死亡した 49 名の儒葬墓が営まれている。最も高所にあり、ひときわ壮大なのが墓所を計画した 10 代重喜の墓である。規模は身分により大きく異なるが、いずれも墳丘の前に姓名を刻んだ花崗岩製の位牌形墓表が建てられており、周囲に玉垣が巡る。10～13 代墓は玉垣内の床面は漆喰貼りで門は瓦葺き、8 代と正室・側室・子女墓の床は瓦塼敷きで門には瓦がない。

万年山墓所に儒葬による本葬墓を営むようになった 10 代以降も、菩提寺の興善寺墓所に藩主の分霊墓を設けている点に、蜂須賀家の葬墓制の特徴が現われている。

【図 46】 萩藩毛利家墓所（国史跡）（2017 年 7 月 10 日撮影）

46-1　臨済宗霊椿山大照院　山口県萩市青海 4132

46-2　黄檗宗護国山東光寺　山口県萩市椿東 1647

周防・長門 36 万 9411 石を領した萩藩主毛利家の墓所は、萩城下の大照院と東光寺にある。初代藩主秀就は慶安 4 年（1651）に萩城で没し、父輝元の墓がある天樹院で火葬され、大照院の前身である臨済宗歓喜寺に葬られた。2 代綱広は荒廃していた寺を亡父の菩提所として再建し、秀就の法名にちなみ大照院と改めた。

大照院墓所には秀就と室喜佐姫、元禄 2 年（1689）没の 2 代綱広から天保 7 年（1836）没の 12 代斉広まで、偶数代の藩主と室の墓が営まれている。墓石はいずれも総高約 4.5 m の花崗岩製五輪塔で、水輪に普の字、地輪表に法号、地輪裏に没年月日を刻む。全て藩主と室の五輪塔が左右一対をなし、玄武岩製の玉垣が巡る。おのおの手前には石鳥居が建てられ、墓道には石燈籠が整然と並ぶ。石燈籠は総数 605 基に及ぶ。大照院墓所は秀就墓を規範として以後の墓が作られたか、後年再整備により現在の形に統一された可能性がある。

東光寺は黄檗宗に帰依した 3 代吉就が天和 2 年（1682）に創建し、元禄 7 年没の吉就から天保 7 年没の 11 代斉元まで奇数代の藩主と室の墓が営まれている。墓石はいずれも総高約 4.4 m の唐破風笠石付方柱形で、石材は花崗岩である。全て藩主と室の墓石が左右一対をなし、玄武岩製の玉垣が巡る。藩主の墓前には生前の業績を記した砂岩製の神道碑が亀趺の上に建つ。大照院墓地と同様、おのおの手前には石鳥居が建てられ、墓道には石燈籠が整然と並ぶ。東光院墓所もまた吉就墓を規範として以後の墓が作られたか、後年再整備により現在の形に統一された可能性がある。

毛利家の墓所は、歴代藩主の墓が大照院と東光寺に交互に営まれていることと、藩主と室の墓をセットとして歴代の墓が同じ規格で整然と列び、その前に多くの石燈籠が奉納されている点に特徴がある。なお、大照院に偶数代、東光院に奇数代の藩主の墓が営まれている点に関しては、中国の宗廟で中央を太祖の廟とし、向かって右に 2 世・4 世と偶数の廟を並べて昭と呼び、左に 3 世・5 世と奇数の廟を並べて穆と呼ぶ昭穆制に従ったとする見方がある。

【図 47】 対馬府中藩宗家墓所（国史跡） 長崎県対馬市厳原町西里 192 天台宗鐘碧山万松院（2014 年 3 月 3 日撮影）

2 代藩主宗義成は、元和元年（1615）に亡くなった初代藩主義智を供養するため金石城西側の山に松音寺を創建した。元和 8 年、寺は義智の法号にちなみ万松院と改名され、正保 4 年（1647）に山麓の現在地に移った。墓所は御霊屋と呼ばれ、本堂北側、金石川に掛かる石橋を渡り、極楽門をくぐった先、百雁木（左写真）と呼ばれる両側に石燈籠が列ぶ長さ 100 m、123 段の石段の上の平場にある上御霊屋、その途中の平場にある中・下御霊屋、本堂裏の庭園の奥にある裏御霊屋に分かれている。上御霊屋は、義智から明治 23 年（1890）没の 14 代義和までの歴代藩主と正室の墓が主体で、中・下御霊屋は側室や子女の墓を主体とする。墓の数は上御霊屋が 22 基、中・下御霊屋が 18 基、裏御霊屋が 28 基の合計 68 基である。

歴代藩主の墓石は、元和元年没の初代義智墓は宝篋印塔で、明暦 3 年（1657）没の 2 代義成墓と元禄 7 年（1694）没の 4 代義倫墓は五輪塔、元禄 15 年没の 3 代義真墓以降は塔身が立方体の異形宝塔に変わる。石材は義智の宝篋印塔のみ砂岩で、他は島外産の花崗岩である。歴代藩主墓のなかでもひときわ目立つのが、石垣の上に玉垣を巡らし、その手前に石燈籠が列ぶ 4 代義倫墓である（右写真）。上御霊屋は 17 世紀後半に 3 代義真によって大規模に整備されたが、藩主就任からわずか 2 年で病死した我が子義倫の墓の造営がそのきっかけになった可能性が考えられよう。中御霊屋は最上部には対馬の支配権を確立し厳原を府中と定めた宗貞国の墓とされる砂岩製の宝篋印塔があるが、それ以外は 3 代義真の側室で享保 14 年（1729）に没した高寿院墓を最古としており、上御霊屋の整備より後の 18 世紀に新たに設けられた区画と考えられる。

百雁木に列ぶ石燈籠は、代々従四位下・侍従に任じられた藩主の権威を物語る。

【図 48】　弘前藩主津軽家霊屋の木製五輪塔　左から環月台・碧巌台・明鏡台・白雲台　青森県弘前市西茂森 1 丁目 23-8　曹洞宗太平山長勝寺（2014 年 6 月 20 日撮影）

弘前藩主津軽家の菩提寺の一つ長勝寺には、環月台（初代為信室戌姫本葬墓）・碧巌台（2 代信枚分霊墓）・明鏡台（信枚室満天姫本葬墓）・白雲台（3 代信義分霊墓）・凌雲台（6 代信著本葬墓）の 5 棟の霊屋（重要文化財）がある。全ての霊屋内に無縫塔があるが、延享元年（1744）に建てられた凌雲台のものだけが地元の岩木山麓から産出する輝石安山岩製で、他は全て環月台が再建された寛文 11 年（1671）に京都で製作され、花崗岩製である。凌雲台を除く 17 世紀代の 4 棟の霊屋には、石製無縫塔とは別に、霊屋の建設と同時に作られたと考えられる木製五輪塔が納められている。

木製五輪塔の総高は、碧巌台が 52.2 cm と最少で、最大は白雲台の 112 cm である。また、古手の環月台と碧巌台のものは一木造だが、それらより新しい明鏡台のものには下部に台箱が 1 段、最も新しい白雲台のものには台箱が 2 段付く。彩色は、緑色の空輪には緑青、白色の風輪には胡粉、赤色の火輪には辰砂、青色の水輪には鉛と銅を合わせた群青、黄色の地輪には有機質顔料が使われている。環月台・碧巌台・明鏡台の木製五輪塔の空輪・風輪・火輪・水輪には、墨で「如来舎利」「在宝塔中」「逝者白骨」「同入佛道」と書かれている。また、白雲台の木製五輪塔には、墨で禅の本（公案集）として広く知られる『碧巌録』に収められた禅語「泥佛不渡水」「金佛不渡爐」「木佛不渡火」「真佛坐屋裡」が書かれている。

これらの木製五輪塔は、近世前期以前の古い墓塔の姿を知る上で大変貴重である。

【図 49】 秋田久保田藩主佐竹家の霊屋と木製墓標　秋田市手形蛇野 89 曹洞宗大澤山闐信寺　秋田市泉三嶽根 10-1　曹洞宗万国山天徳寺（2014 年 6 月 7 日撮影）

佐竹家の全盛期を築いた戦国大名佐竹義重は、慶長 17 年（1612）に死亡し、秋田市楢山にあった天徳寺に埋葬されたが、翌年、初代藩主義宣が父義重の菩提を弔うため闐信寺を建立し改葬された。闐信寺にある再建された義重の霊屋には大型木製位牌形墓標が納められている（上段左写真）。高野山奥之院にある義重建立の霊屋（重要文化財）には義重の逆修塔を中心に 5 基の砂岩製宝篋印塔がある。義重の遺骨は菩提寺の高野山清浄心院に分骨されており、逆修のための霊屋が分霊墓となったと考えられる。

義宣は、寛永 10 年（1633）、江戸神田屋敷で死去し、国元の天徳寺で火葬された。義宣の遺骨は高野山に分骨され、奥之院の佐竹家霊屋の傍には、2 代義隆が建てた義宣の花崗岩製五輪塔がある。天徳寺には義宣の火葬墓の上に義隆の発願により建造され、寛文 12 年（1672）、3 代義処の時に落成した義宣の霊屋（重要文化財、上段右写真）をはじめ、歴代藩主の霊屋が列ぶ（下段左写真）。義宣の霊屋は内陣に位牌壇を設け、佐竹氏の祖である源義光の位牌を中心に、歴代の当主と室の位牌が置かれている。正徳 5 年（1715）に没した 4 代義格から天明 5 年（1785）に亡くなった 8 代義敦の霊屋内には石製の位牌形墓標があるのに対して、元禄 4 年（1691）に没した 3 代義処側室覚性院の霊屋には、義重と同様、大型木製位牌形墓標が納められている（下段右写真）。

佐竹家では一貫して位牌形墓標を採用したが、材質は 17 世紀には木製だったものが、18 世紀に石製へと変化した可能性がある。

【図 50】　杉を墓標とした常陸谷田部藩主細川家墓所（県史跡）　栃木県芳賀郡茂木町塩田 227　曹洞宗塩田山能持院（2024 年 6 月 21 日撮影）

細川藤孝（幽斎）の次男として生まれた細川興元は、徳川秀忠から関ヶ原の戦いでの活躍が認められ、慶長 15 年（1610）に下野国芳賀郡茂木に 1 万石余を与えられ大名となった。元和 2 年（1616）、大坂の陣での戦功により常陸国筑波郡・河内郡 6200 石が加増され、藩庁を茂木から谷田部へ移した。興元は元和 5 年に江戸で死亡し、茂木にある能持院に葬られた。

能持院の墓所には、初代興元から安政 2 年（1855）に亡くなった 8 代興建まで、8 名の藩主を含む 13 名の墓がある。このうち寛永 20 年（1643）に没した 2 代興昌墓だけが伊豆石製の宝篋印塔で、他は全て杉の木を墓標とし、その前に石香炉と没年月日を刻んだ石燈籠が建てられている。石燈籠の竿石は初代興元のもののみが円柱形で、他の 12 基は全て方柱形である。墓標として植えられた杉は、元禄 3 年（1690）没の 3 代興隆墓、元文 2 年（1737）没の 4 代興栄墓、寛政 6 年（1794）没の 6 代興晴墓、天保 8 年（1837）没の 7 代興徳墓など 7 本が当初の木で、他は後年植え替えられたものである。

なぜ初代興元が杉の木を墓標に選んだかは不明だが、兄の細川忠興が妻ガラシャのために設けた千利休から貰った石燈籠の墓（本書 93 頁【図 51-1】参照）を意識した可能性があろう。

コラム3

忘れられた大名墓

曹洞宗太平山長勝寺は国史跡津軽氏城跡弘前城跡長勝寺構の西端に位置する。長勝寺は藩主津軽家の菩提寺の一つで、境内には本堂・庫裏・御影堂・津軽家霊屋《たまや》・「嘉元の鐘」など多数の重要文化財がある。平成二四年（二〇一二）、これら指定文化財の防災設備設置にあたり、弘前市教育委員会が境内の発掘調査したところ、改葬された痕跡のある大規模な木室・木槨墓《もっかくぼ》が検出された（参考図9〜12）。木槨の隅には、葬儀で使用されたと思われる、和鋏一点、剃刀一点、白木櫛四点、金箸一点、竹製箸入一点、遺髪が包まれた和紙一包、墨書のある和紙一包、元結一束、縄二本がまとまった状態で残されていたが、遺体を納めた棺はなかった。墓は明治二年（一八六九）の弘前絵図にある「松前志摩守墓」と場所がほぼ一致するが、調査前には墓の痕跡を示すものは全くなく、墓の存在は忘れられていた。被葬者は、明治元年一一月、榎本武揚ら旧幕府軍の攻撃により松前（福山）城と館城を失ない、弘前へ亡命した松前（館）藩主松前徳廣である。弘前に到着した徳廣は滞在先の薬王院で謹慎して

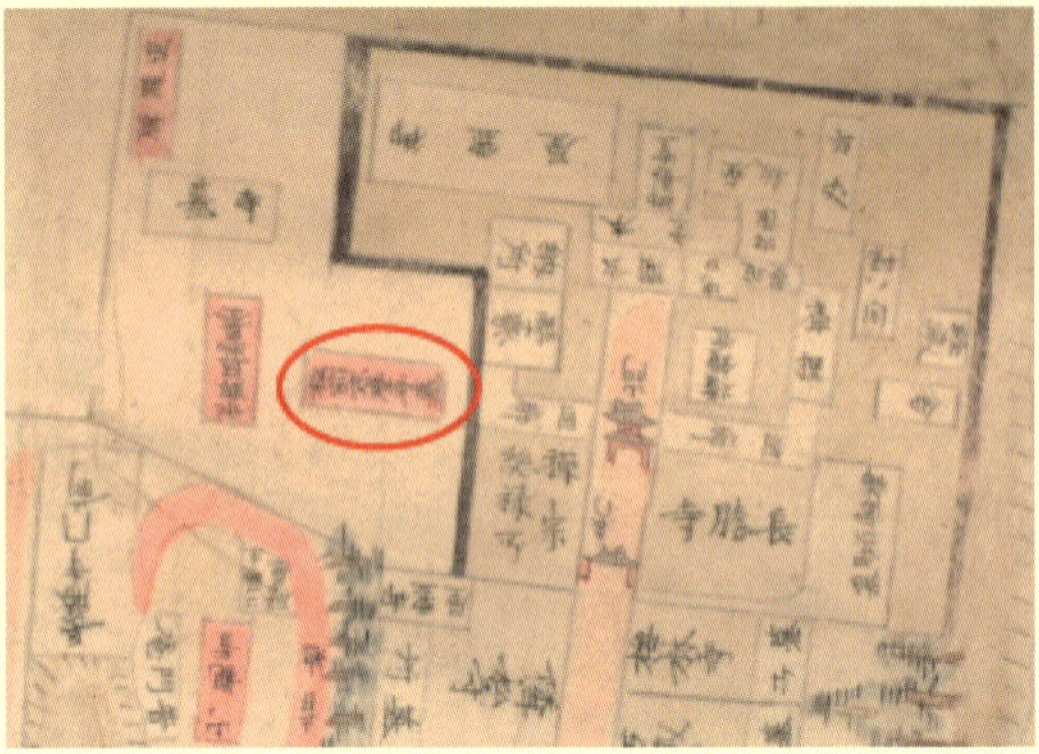

参考図9 「弘前絵図」にみえる松前志摩守墓
（弘前市教育委員会提供）

いたが、一週間後には肺結核により客死し、長勝寺に「仮埋葬」された。明治三年には松前へ帰葬するため改葬が行われており、松前家の菩提寺である北海道松前町の曹洞宗大洞山法幢寺の墓所に正式な墓が設けられた。

（調査前の発掘調査地点）

（主体部の上からみつかった木製墓標）

（改装されていた主体部）

参考図 10〜12　発掘調査でみつかった木室・木槨墓（弘前市教育委員会提供）

個性的な江戸時代の墓石

供養塔からの変化

戦国時代頃までの墓石は基本的には供養塔《くようとう》であり、形態に流行や地域色はみられるものの、定型化した基本形に則って作られている。それに対して墓石が普及した江戸時代には、墓石の性格が死者の供養塔から墓標へと変質が進んだ結果、供養塔らしからぬ墓石、故人の生き方や考え方を反映した個性的な墓石が現われた。

細川忠興夫妻の墓

墓石がまだ一部の人にしか普及していなかった江戸初期に、趣味や志向を墓石に表現できたのは、大名など社会を動かすことのできた人々に限られた。そうした人物の一人が肥後熊本藩主細川家初代の細川忠興（三斎）であった。忠興と正室玉（ガラシャ）の墓は、京都の臨済宗龍宝山大徳寺の塔頭《たっちゅう》の一つ高桐院と、熊本城下の臨済宗龍田山泰勝寺跡にある【図51】。高桐院は忠興が父藤孝（幽斎）の供養のために藤孝の弟の玉甫紹琮を開祖として建立した細川家の菩提寺の一つで、忠興夫妻の墓は石燈籠《いしどうろう》である。この石燈籠は千利休が「天下一」と評価し、利休が切腹するにあたり利休七哲の一人とうたわれた忠興に贈ったもので、死の三年程前に自ら墓石として熊本から高桐院に運ばせたと伝えられる。忠興は正保二年（一六四六）に熊本で亡くなり泰勝寺に葬られた。泰勝寺跡には、父藤孝夫妻、忠興とその妻ガラシャの霊屋《たまや》が並び、内部には藩主やその正室の墓にふさわしい大型の五輪塔《ごりんとう》が置かれている。一方、生前に忠興が用意していた高桐院の墓所には石燈籠の下に忠興の遺歯を埋納した分霊墓が営まれたのである。五輪塔が置かれた熊本の本葬墓が政治家忠興の眠る公の墓なら、京都の分霊墓は茶人三斎が眠る私的な墓といえよう。忠興は、師利休や妻ガラシャとの思い出の地である京都に、自らの意志で、数寄者《すきしゃ》の面目躍如たる風流な墓を用意していたのである。

細川家の石燈籠墓

細川家の国元《くにもと》における菩提寺の一つ、熊本城下の臨済宗護国山妙解寺跡にも石燈籠の墓がある。三〜九・一二代の藩主の墓のうち六代宣紀・八代重賢・一二代斉護の墓石が石燈籠なのである【図52】。細川家にとって忠興は藩政の礎を築いた英雄であり、六・八・一二代の藩主は、忠興の個性が反映された京都高桐院の墓を真似たのであろう。燈籠形の墓石は、支藩の宇土藩の二代藩主細川有孝や忠興の嫡男で、廃嫡後に一門首座の細川内膳家の初代となった忠隆の墓でもみられる。忠興は死してなお、細川一門に多大な影響を与え続けたといえよう。

風変わりな墓石

徳川三代将軍家光の乳母として将軍の権威を後ろ盾に大きな権力を持っていた春日局の墓は、菩提寺である江戸湯島の臨済宗天澤山麟祥院にあり、供養塔は息子の稲場正勝に始まる相模小田原藩主稲場家の墓所がある小田原の黄檗宗長興山紹太寺や京都の浄土宗紫雲山金戒光明寺、高野山奥之院には逆修のため生前に建てられた五輪塔がある。江戸の麟祥院にある墓石は無縫塔《むほうとう》で、塔身と棹石《さおいし》に貫通孔がある【図53】。また、奥絵師として幕府御用絵師の最上位に君臨した狩野四家の墓所が営まれた日蓮宗大本山池上本門寺にある狩野探幽守信の分骨墓は、探幽の落款印と同じ瓢箪形の墓塔である【図54】。いずれも細川忠興の石燈籠と同様、墓石の形に故人の「生き様」や主義・主張が表現されている。このように個性的な墓石は、社会を動かせたセレブな一部の人たちによって、江戸初期に誕生したのである。

墓石が普及した江戸中期には、供養塔には必要なかった俗名・享年・出身地など、故人の生前の情報が墓石に盛り込まれるようになる。死者の供養と直結しない生前の情報を刻むことで、墓石は新たに故人の顕彰という役割を担うことになった。そして、一八世紀後半には俗名・経歴・死亡年月日・死因・享年などの「故人情報」や、墓誌の作成・墓の造営に関わった関係者の名前を記した墓石が武家や僧侶の墓に広くみられるようになり、やがて一般の民衆にも広がった【図55】。本来こうした墓誌は地上の墓石ではなく、蔵骨器《ぞうこつき》、金属や石の板、墓室の蓋石《ふたいし》など墓のなかに納められるものに記されており、目にすることはできなかった。地上に建つ墓石や石碑に刻まれた墓誌は、後々まで人の目に触れることを前提としており、故人の供養よりも顕彰の意味合いが強く感じられる。

同じく江戸中期には、辞世や追善のために詠まれた和歌や俳句、漢詩を刻む墓石が現われ、江戸後期には文化人の間で流行する【図56】。そして、江戸後期には庶民のなかにも個性豊かな墓石を建てる人が現われるようになった【図57】。

【図 51】 石燈籠を墓石に選んだ細川忠興

51-1　**臨済宗高桐院の細川忠興夫妻の墓石**　京都市北区紫野大徳寺町 73-1（barman／PIXTA（ピクスタ）提供）

51-2-1・2　**臨済宗泰勝寺跡の細川忠興の廟所と五輪塔**（国史跡）　熊本市黒髪 4 丁目 610（2014 年 3 月 2 日撮影）

51-3-1・2　**臨済宗泰勝寺跡の細川忠興室玉（ガラシャ）の廟所と五輪塔**　（同上）

【図 52】 藩祖忠興に倣って石燈籠を墓石にした細川家の人々

52-1　熊本藩 6 代藩主細川宣紀の墓石

52-2　熊本藩 8 代藩主細川重賢の墓石

52-3　熊本藩 12 代藩主細川斉護の墓石

52-4　宇土藩 2 代藩主細川有孝の墓石

1～3：臨済宗妙解寺跡（国史跡）熊本県熊本市中央区横手 2-5-1（2014 年 3 月 2 日撮影）

4：臨済宗泰雲寺跡（市史跡）熊本県宇土市宮庄町 419-2（2014 年 3 月 1 日撮影）

享保 17 年（1732）没の 6 代細川宣紀の墓石は、京都高桐院にある藩祖細川忠興夫妻の墓石と同じで銘文がなく外見上は庭にある石燈籠と変わらない。一方、天明 5 年（1785）没の 8 代重賢、万延元年（1860）没の 12 代斉護、享保 10 年没の宇土藩 2 代細川有孝の墓石は石燈籠形だが、戒名や没年月日が刻まれている。

【図 53】 貫通孔のある春日局の墓石（区史跡） 東京都文京区湯島 4-1-8
臨済宗天澤山麟祥院（2018 年 12 月 16 日撮影）

麟祥院のある場所には、寛永元年（1624）に 2 代将軍徳川家光の乳母春日局の隠棲所の天澤寺が設けられ、寛永 20 年に春日局が亡くなると、その菩提寺となり、寺名を春日局の法号に改めた。

境内には春日局の孫で相模小田原藩 2 代藩主稲葉正則正室万菊（正厳院）の墓や、稲葉正則の娘で下総古河藩初代藩主堀田正俊の正室栄昌院の墓がある。さらに稲葉正則の孫の稲葉正知に始まる山城淀藩稲葉家と山城淀藩稲葉家の分家の上総館山藩稲葉家の墓所もあり、ともに昭和 10 年（1935）に合葬墓に改められている。

麟祥院には、寛永 9 年、春日局が朝廷より従二位緋袴を賜った折の寿像で、その還暦を祝して将軍家光が狩野探幽に命じて描かせた「白衣の緋袴」と呼ばれる肖像画がある。

春日局の墓石は無縫塔で、手前には没年月日が刻まれた手水鉢と、一周忌に建てられた石燈籠がある。墓前の香炉・石燈籠・手水鉢には稲葉家の家紋「折敷に三文字」が記されている。無縫塔は塔身とその下の竿石に貫通孔がある。墓石の貫通孔は、死後も天下の政道を見守り、政道を直していかれるよう黄泉から見通せる墓を作って欲しいとの春日局の遺言に従ったものと伝わる。

江戸時代から春日局の並外れた強運や賢徳にあやかりたい人々や、願いを通したいと思う人たちが秘かに春日局の墓に参詣に訪れたという。麟祥院では、春日局の祥月命日である 10 月 14 日を「春日忌」としてその追善供養が行われている。

【図 54】 瓢箪形をした狩野守信の分骨墓（都史跡） 東京都大田区池上 1-1-1 日蓮宗大本山池上本門寺（2018 年 1 月 10 日撮影）

奥絵師として幕府御用絵師の最上位に君臨した狩野四家（中橋狩野家・鍛冶橋狩野家・木挽町狩野家・浜町狩野家）の墓所は、池上本門寺境内でも宝塔を中心とする重要な場所に 5 ヶ所に分かれて存在する。

狩野探幽守信は狩野永徳の孫で、狩野派中興の祖と呼ばれ、鍛冶橋狩野家の初代となる。守信は名古屋城本丸御殿や京都大徳寺方丈の障壁画をはじめ多くの作品を手がけ、延宝 2 年（1674）に江戸で亡くなった。

守信の一周忌に守信の 3 男で鍛冶橋狩野家を継いだ探信守政が建てた墓石は、池上本門寺の宝塔と妙法堂に挟まれた南之院にある。笠付碑形で、正面には髭題目の下に戒名「玄徳院日道」、背面には林鵞峰による顕彰文が刻まれている。

その隣に建つのが反花座の上に瓢箪形の塔身が載る伊豆石製の墓塔である。正面には「妙法」の文字と没年月日「延宝二年甲寅十月七日」、戒名「玄徳院殿前法眼守信日道法印」が刻まれ、瓢箪の口の部分には蓮弁が施された栓が表現されている。この石塔はもともと港区芝三田小山町にあった日蓮宗麻布山大乗寺に建てられた分骨墓である。大乗寺は天保 5 年（1834）永隆寺に寺名を変え、明治維新後は目黒区中目黒の現在地へ移転、墓塔は昭和 11 年（1936）に永隆寺から池上本門寺へ移された。墓石の形は、守信が愛用した瓢箪形の落款印に由来するとの説が有力である。三井文庫が所蔵するこの落款印は後藤徳乗が刻んだとされ、瓢箪のなかにある「守信」の文字は林羅山のものと伝えられる。

主要墓標型式は、宗家である中橋狩野家は笠付角柱形、木挽町狩野家は圭頭形角柱形と家によって異なり、守信の鍛冶橋狩野家は明治初年の改修で 2 基の笠付碑形に合祀されている。守信の分骨墓に建てられた異形の墓塔は、家毎に定められた墓標型式の枠にとらわれることなく、著名な絵師としての探幽守信の個性が前面に出ているように思える。

【図55】　長文の墓誌を刻んだ藩医の墓石　北海道松前町唐津268　浄土真宗西立山専念寺桜井小膳墓（2008年7月13日撮影）

松前藩医の11代櫻井小膳武一（1768〜1841）は、日本で初めて種痘術を施した中川五郎治からその方法を学び、松前で広めた人物として歴史に名を残す12代桜井小膳権一の父で、権一の弟の義山は画人として知られる。

松前専念寺にある小膳武一の墓石は息子の権一が建てたもので、総高2ｍと墓地のなかでひときわ高く、本文だけで1172字もの長文の墓誌が刻まれ異彩を放つ。

墓誌によれば、武一の先祖は大坂の陣後の元和年間に松前に落ち延びてきた永井大学なる人物で、松前では神明宮の神官を務め白鳥氏を名乗った。武一は15歳にして医学を志し、京坂に上り、薩摩藩医小田醫三から医術を学び、松前に戻って藩医桜井氏の養子となった。墓誌には彼自身のきわめて詳細な経歴や、病を得てから葬儀・埋葬に至るまでの経過とともに、先祖の事跡や子どもたちの身の振り方までもが記されている。

墓誌は浅川鼎が撰文し、石井士勵の書を窪世升が刻んだ。浅川鼎（1781〜1849）は松前藩の儒学者で、鼎は名、字は五鼎、善庵と号した。江戸の儒学者片山兼山の三男であったが、町医の浅川默翁の嗣子となり、浅川姓を名乗った。師は折衷学を提唱した江戸の山本北山である。石井士勵（1799〜1870）は、松前藩に祐筆として仕えた書家で、幕末に潭香流を開いたことで知られる。名は徽言、士勵は字で、潭香と号し、長崎で中国清人の江芸閣から書を学んだ。父は東蝦夷地との境に位置する山越内関門の幕府勤番役人であった石井善蔵である。窪世升は字彫専門の江戸の名石工である。東京都品川区の品川神社境内の富士塚に建つ会津藩の漢学者寒緑松本先生碑は、同じく石井士勵の書を窪世升が刻んでおり、桜井小膳の墓石とよく似ている。

小膳武一の墓誌は、単に彼自身の履歴に止まらず櫻井家の歴史に及んでおり、高名な儒学者や書家が手がけた墓誌を当代一流の名匠が刻んだ墓石は、人の目に触れることを十分意識されており、もはや故人の供養よりも故人の顕彰に力点が置かれているといえよう。

【図 56】 辞世が刻まれた義太夫節の太夫の墓　北海道松前町西館 254　浄土真宗西立山専念寺納骨堂前（2007 年 9 月 6 日撮影）

清七こと竹本菊太夫は、大坂出身で、その芸名からみて義太夫節の太夫と考えられる。菊太夫は流れ流れて最北の城下町松前にたどり着き、文政 2 年（1819）に亡くなった。松前専念寺納骨堂前にある円筒形の墓石には芸名にちなんで見事な菊の花が浮き彫りされており、墓石に刻まれた辞世「ご贔屓の　熱き想ひを松前に　印を残す　菊の碑」にも「菊の碑」の文言が巧みに詠みこまれている。辞世からは、松前での彼の贔屓筋に対する深い感謝の念と、故郷の大阪から遠く離れた松前で一花咲かせた喜びと、そこに骨を埋めることになった悲しみが交じり合う複雑な心境が感じられる。

なお、義太夫節関係者としては、松前には他にも菊太夫と同じ年に死亡した竹本逸太夫の墓石が曹洞宗松前山法源寺の墓地にある。逸太夫の墓石には寛政 11 年（1799）に死亡した成人女性の戒名も刻まれていることから、彼は松前で家庭を持っていたと推察される。

菊太夫と逸太夫の二人は義太夫節中興の祖として知られる初代竹本染太夫の門人の可能性がある。菊太夫と逸太夫のどちらが先に松前に来たかはわからないが、どちらか先に来た方を頼って松前の地を踏んだのであろう。意匠を凝らした菊太夫の墓石は、彼が松前で上方の芸能を伝える文化人として認知され、一定の地位を得ていたことを物語っている。

最北の城下町であり、日本海交易の北のターミナルであった松前には、全国各地から菊太夫のような人が集まってきており、松前で生涯を終え、墓が営まれることも多かった。彼らの墓石には生国の地名を記したものが少なくない。

【図 57】 江戸後期に庶民が建てた個性的な墓石

57-1　徳利に盃を伏せた形の墓石

57-2　酒樽を載せた墓石

57-3　石臼形の墓石

1 は福島県白河市大工町 83 の臨済宗大白山天恩皇徳寺にある小原庄助のものと伝わる墓石である。小原庄助は民謡「会津磐梯山」の囃子詞に、「朝寝、朝酒、朝湯が大好きで、それで身上つぶした」として登場する架空の人物である。皇徳寺にある墓は小原庄助のモデルの一人で、安政 5 年（1858）に白河で亡くなった会津塗師久五郎のもので、正面に「米汁呑了信士」と刻まれている。ユーモアあふれる戒名や墓前に供えられた缶ビール・カップ酒が笑いを誘う（2014 年 6 月 14 日撮影）。

2 は埼玉県草加市神明 1 丁目 3-43 の真言宗松寿山東福寺にある金玉道士と呼ばれた酒を愛してやまない自由人の墓石で、文政 7 年（1824）に草加宿の職人たちによって建てられた。棹石の正面には戒名「金玉道士」の銘が入った徳利と盃のレリーフ、左側面には辞世の和歌、右側面には墓誌が刻まれている。墓石はいつの頃からか「キンタマサマ」と呼ばれ、下の病の快癒を祈る人々が酒を供え、寺でも墓石を図案化したお札を配るようになったという〈2017 年 11 月 19 日撮影〉。

3 は秋田県能代市萩の台 1-23 の浄土宗大窪山光久寺にある万延 2 年（1861）に死亡した紙屋仁蔵の墓石で、本物の石臼の倍近い大きさがある。仁蔵は讃岐国塩飽島の船大工兼船乗りで、天保 4 年（1833）に津軽へ運ぶ予定の米で粥を炊き、天保の飢饉に苦しむ能代の人々に振る舞ったと伝えられる。その後、仁蔵は能代で蕎麦屋を営んだとされ、墓石が瀬戸内産と思われる花崗岩製の臼形なのは、彼の出身地の塩飽と能代での生業である蕎麦屋にちなむものであろう。仁蔵は飢饉から能代を救った英雄と見做され、平成 24 年（2012）には能代市民会館でミュージカル「紙屋仁蔵物語」が上演されている（2017 年 5 月 15 日撮影）。

コラム4

陶工の甕墓

福井県越前町の織田・宮崎地区周辺で平安時代末期より生産されていた越前焼は「六古窯」の一つに数えられ、瀬戸・常滑・信楽・丹波・備前と並ぶ日本列島を代表する陶器として知られる。織田信長の先祖が神官を務めていたとされる織田の劔神社の北西に位置する北釜屋の墓地には、陶工のものと伝わる八基の甕墓《かめばか》（町史跡）が残されており、日本遺産「きっと恋する六古窯」の構成資産になっている（参考図13）。甕墓がある平等地区では室町後期から江戸時代に大量の越前焼が焼かれていた。

甕墓は越前焼の甕や壺を蔵骨器《ぞうこつき》とし、その上に擂鉢《すりばち》を伏せて被せたもので、戒名や没年が記された陶板がともなう。蔵骨器の製作年代や陶板にある「文化六年（一八〇九）」「元治元年（一八六四）」などの年号から、甕墓は江戸後期にはすでに存在していたと考えられているが、蔵骨器を保護するため現在のように切り込みを入れ窓を設けた大甕が被せられたのは明治時代になってからである。

参考図13　甕墓（福井県越前町織田・北釜屋墓地）

『ヒロシマ』や『筑豊のこどもたち』、『古寺巡礼』などの作品で知られる写真家の土門拳の遺作の一つが、土門と親交のあった芸術家の勅使河原宏の勧めによる昭和五四年（一九七九）八月の福井県への撮影旅行で撮られた「越前甕墓」であった。脳出血の後遺症で車いす生活を余儀なくされていた土門は、田んぼの狭い畦道をスタッフに背負われて、甕墓にたどり着いたという。福井での撮影を終え東京に戻って一ヶ月ほど後、脳血栓を発症、そのまま土門は平成二年（一九九〇）に亡くなるまで一一年間も昏睡状態にあった。土門の「越前甕墓」には、写真家土門が大切にした生と死を賭けた絶対的な「リアリズム」が宿っている。

北の墓

アイヌ墓と蝦夷地の和人墓

アイヌの墓と遺骨問題

北海道・旧樺太（サハリン）・千島列島・本州北部の先住民であるアイヌ民族は独自の文化を持ち、前近代には葬儀や墓も和人（ヤマト民族）とは大きく異なっていた。中世・近世の和人が土葬（座葬）もしくは火葬されたのに対し、アイヌの伝統的な墓は土葬（伸展葬）で、墓標は石ではなく木製であった。近世以降のアイヌ墓を特徴付ける豊富な副葬品をともなう伸展葬墓は一三世紀に遡る。北海道厚真町上幌内2遺跡の一三世紀代のアイヌ墓は、墓坑が浅い竪穴状の窪みの内側にある点や黒曜石の転礫《てんれき》をともなう点で、擦文《さつもん》文化期の廃屋墓（死者を竪穴住居内に葬る葬法）や副葬品の伝統を遺す一方、刀剣類・漆器・ガラス玉など近世アイヌ墓に共通する豊富な副葬品がともなう点で擦文文化期の墓とは一線を画する（関根達人『つながるアイヌ考古学』新泉社、二〇二三年）。

民族調査によれば、アイヌの墓地は集落に近い山の中腹や丘陵上に設けられ、伝統的には埋葬後に墓に詣でる習慣はなかったとされる（藤本英夫『アイヌの墓』〈『日経新書』三〉、日本経済新聞社、一九六四年）。墓地に家ごとの区画はなく、死者が出る度に順次、間隔を置いて死者の体格に応じた大きさの墓坑が掘られたという。遺体は足を伸ばした状態で蒲で織った茣蓙《ござ》に包み、縄で縛り、木製の留串で固定し、墓坑に納められたとされる（久保寺逸彦「北海道アイヌの葬制」『民族学研究』一九―三・四、一九七六年）。アイヌ民具のなかには手甲・脚絆・靴など死者に身に着けさせる特別な死装束《しにしょうぞく》をはじめ、死者が日常使っていた小道具を入れ墓に納めるための死者用物入れ、遺体を包む茣蓙を縛るためシナノキの皮で編んだ紐とニワトコの木で作った串などがある。副葬品には死者が生前日常的に使っていたものが選ばれ、男性は遺体の右側に煙管《きせる》・煙草入れ・火打道具・太刀・山刀・小刀（マキリ）・剃刀・弓矢・釣り針・銛・櫛・衣類・手甲・脚絆など、女性は遺体の左側に煙管・煙草・火打道具・マキリ・剃刀・包丁・鎌、縫い針などの裁縫道具、織具・鉄鍋などの炊事道具、櫛・衣類・冠物・首飾り・耳飾り・履物などが入れられたという。また、盆の上に椀と箸を載せ、墓標に巻くのと同じ紐で縛った膳具は男女を問わず墓に納められたとされる。

一方、発掘されたアイヌ墓は、沖積低地・河岸段丘上・海岸段丘上に立地するものが多く、ほかに台地上や砂丘上からも発見されている。一般的な中世・近世の和人墓に副葬されるのは六道銭や煙管くらいなのに対して、アイヌ墓の副葬品の豊富さは際立っている。アイヌ墓の副葬品で最も多いのはマキリと呼ばれる小刀で、副葬率は約六割を超す（関根達人「アイヌ墓の副葬品」『物質文化』七六、二〇〇三年）。マキリに次いで多いのが漆器で、約半数の墓に副葬されている。太刀・腰刀は四割弱、煙管は約二割の墓にみられる。副葬率が一割を超すものとしては、ほかに鉄鍋・山刀・首飾り（玉類）・耳飾りがある。また、矢や矢筒などの狩猟具、鉤銛・銛・釣り針などの漁撈具、鉈・鎌・針・針入といった工具類、鍔や小柄などの刀装具、鎧の小札、和鏡、陶磁器を副葬した墓もある。鉄鍋は女性の墓に限られ、通常、死者の足元に置かれる。

墓標はマメ科の落葉樹エンジュかモクセイ科のライラック（ハシドイ）で作られ、クワ（杖）、ライクルコアシエ（死んだ人のところに立つ木）、ウェンチクニ（不吉の木）、イルラカムイ（使者を送る神）などと呼ばれた。聞き取り調査によれば、胆振・日高地方のアイヌは男女ともに墓標があるのに対して、根室では高齢者や高い地位の人に限って墓標が使われ、釧路や弟子屈のように墓標を使わない地域もあったという。日高地方の場合、墓標は長さ二メートル、太さ一〇～一五センチくらいの樹皮をむいた丸太を使い、下端は地面に突き刺すために尖らせ、上端は男女で形が異なる（萱野茂『アイヌの民具』すずさわ書店、一九七八年）。男性の墓標は槍を象っており、上端が槍の穂先のように尖っている。女性の墓標は針を象っており、先端は丸く、中央には針に糸を通すための穴が表現され、穴には黒い木綿布が通された。どちらも上部に溝が巡り、その下にシナノキの皮から作った紐が巻かれる。また、墓標が建てられるとすぐに死者がカムイモシリ（神の国）で必要な水や穀物を入れるための葬儀用の小型のシントコ（行器）を墓標に被せるようにして底を抜き、根元まで落として置いた。木製墓標は腐りやすいため、現在では旭川市営旭岡墓地や平取町二風谷墓地などにわずかに残るだけとなった【図58】。

極東アジアに位置する日本のさらに北辺の地域に住むアイヌは長らく謎の民族とされ、日本のみならず世界的にも人種や文化に高い関心が寄せられてきた。頭骨から人種の特徴や優劣を明らかにできると考えた一九世紀の欧米の研究者は、アイヌの頭骨を欲しがった。そうしたなか、日米和親条約に基づく安政二年（一八五五）の箱館開港からおよそ一〇年後の慶応元年（一八六五）には噴火湾沿岸の森村と落部村で、箱館の英国領事館員による人骨目当てのアイヌ墓の盗掘事件が発生した（植木哲也『学問の暴力』春風社、二〇〇八年）。落部の盗掘は和人によって目撃されており、それを伝え聞いたアイヌが強く抗議し、落部村年寄平次郎を通して箱館奉行小出大和守秀実に訴え出た。小出は英国領事ヴァイスらと粘り強く交渉するとともに、小出から報告を受けた外国奉行が英国公使パークスに抗議した結果、遺骨を持ち出した三名の英国人は禁固刑に、ヴァイスは領事を解任され、英国から森村と落部村に総額二五五両の賠償金が支払われた。落部村では賠償金の一部で遺骨を盗まれた一三人のアイヌの墓碑が建てられた【図59】。

明治以降、日本でも日本人の起源を巡る関心から、旧帝国大学の研究者らにより人骨の収集を主目的としたアイヌ墓の発掘が行われ、戦後も一九六〇年代頃まで続けられてきた。それらアイヌ墓の発掘は、祭祀継承者の同意など本来事前に行うべき手続きを経ないケースもある上、発掘の記録が不十分で学術的な不備も目立つ。人類学的な情報が多い頭骨に関心が集中し、頭骨とそれ以外の骨や副葬品との関係性が不明なケースも少なくない。加えて遺骨の保管環境も適切さを欠くなどの批判があり、遺骨の返還訴訟に発展した。日本政府がアイヌ文化振興・創造のため、令和二年（二〇二〇）に北海道白老町ポロト湖畔に創設した民族共生象徴空間（ウポポイ）には、大学などで保管されていたアイヌの遺骨や副葬品を、アイヌによる受け入れ体制が整うまでの間、適切に保管するための施設と、アイヌが慰霊行事を行うための施設からなる慰霊施設が設置された。

蝦夷地にある和人の墓石

前近代のアイヌは墓石を建てなかったが、彼らが暮らしていた蝦夷地の沿岸部には点々と江戸時代の墓石が残されている【図60・61】。墓石を建てたのは蝦夷地に進出した和人である。墓石のある場所が沿岸部に限定されるのは、和人が蝦夷地に進出した主な目的が、アイヌとの交易、漁場の開拓、蝦夷地警備で、いずれも沿岸部が舞台となったためである。墓石には年号や人名など刻まれているため、蝦夷地にある墓石を調べることで、いつ、どこに、誰がいたのか、和人の蝦夷地進出の実態がみえてくる（関根達人「近世石造物からみた蝦夷地の内国化」『日本考古学』三六、二〇一三年）。筆者が蝦夷地で確認した江戸時代の墓石は、日本海ならびに知床半島以北のオホーツク海沿岸の西蝦夷地で二二ヶ所六八基、太平洋ならびに知床半島以南のオホーツク海沿岸の東蝦夷地で二〇ヶ所九四基である。それらの墓石で供養された江戸時代の死者数は、西蝦夷地が合計八二名、東蝦夷地が合計一一六名となる。

ロシアの南下政策に対抗すべく幕府が蝦夷地を直轄地化した直後の文化元年（一八〇四）、幕府により蝦夷地に赴く役人や出稼ぎの和人を対象とした供養とキリスト教の排除を目的として、東蝦夷地のウス（伊達市有珠町）・シャマニ（様似町）・アッケシ（厚岸町）の三ヶ所に寺の建立が決定され、有珠の浄土宗大臼山道場院善光寺、様似の天台宗帰嚮山厚沢寺等澍院、厚岸の臨済宗南禅寺派景雲山国泰寺の三寺、いわゆる「蝦夷三官寺」が建てられた。さらに安政三年（一八五六）にはソウヤ（稚内市宗谷）に幕府直轄の寺院として浄土宗泰平山松寿院護国寺が開かれた。西蝦夷地では、小樽市忍路の浄土宗西忍山戒珠院大忠寺にある宝暦五年（一七五五）の松前出身者の墓石が最も古く、東蝦夷地では、伊達市有珠善光寺にある宝暦四年の墓石が最も古い。蝦夷地では蝦夷三官寺建立から遡ること約半世紀前から和人の墓石が建てられていたのである。

蝦夷地の墓石は、幕府や東北諸藩の北方警備関係者・僧侶・民間人のものである。一八世紀の墓石は少ないが、西蝦夷地は漁場の支配人層を含む民間人によって、東蝦夷地は幕府関係者によって墓石が建てられた。西蝦夷地への和人の進出が主に漁場の拡大という経済的理由によるのに対して、東蝦夷地への和人の進出は蝦夷地警備という政治的理由によるところが大きい。

享和二年（一八〇二）の東蝦夷地の幕府直轄地化（永上知）や文化三年（一八〇六）の弘前・盛岡藩への西蝦夷地警備命令、翌年の松前・西蝦夷地一円の幕府直轄地化などにより、東西蝦夷地ともに一八〇〇年代には墓石が急増する。一八〇〇年代には、西蝦夷地では利尻島や宗谷護国寺に残る樺太・宗谷・利尻の警固にあたった会津藩関係者の墓石、東蝦夷地では伊達市有珠善光寺や苫小牧市勇払、むかわ町の永安寺などに残る寛政一一年（一八〇〇）に勇武津（苫小牧市勇払）に入植した八王子千人同心関係者の墓石が目立つ。

北方警備関係者の墓は北海道内に限らない。平成三〇年（二〇一八）、択捉島で水産会社を経営するロシア人が中部西海岸の振別で日本人の墓石を発見し、ビザなし交流で島を訪問した日本人に写真を提供したことで、北方警備関係者の墓石と判明し話題となった。江戸時代に勤番所や漁会所が置かれていた振別には、北方警備関係者のものと思われる墓石が少なくとも七基ある。最も古いのは文化九年に盛岡藩の詰合（択捉島警備担当者）によって建てられた墓石最も新しいのは嘉永四年（一八五一）に亡くなった松前藩士村田亀之丞の墓石である【図62】。

ゴローニン事件が解決し、ロシアとの緊張関係が落ち着きを見せる一八一〇年代以降は、東蝦夷地でも民間人の墓石が建てられるようになる。安政二年に行われた蝦夷地再上知と箱館開港により、一八五〇代には、東西蝦夷地ともに再び幕府関係者や東北諸藩の北方警備関係者の墓石が建てられるようになり、一八六〇年代には民間人も含め、墓石の数は一挙に増加する。蝦夷地の墓石から、一九世紀に進められた蝦夷地の政治的内国化が、一八〇〇年代と一八六〇年代に大きく進展したことや、東蝦夷地は幕府（箱館奉行所）主導で、西蝦夷地は幕府の命を受けた東北諸藩が大きな役割を果たしたことが読み取れるのである。

【図 58】 二風谷にあるアイヌの木製墓標とそれを模した石造物　北海道平取町二風谷　二風谷墓地（2023 年 11 月 5 日撮影）

北海道日高地方を流れる沙流川流域に位置する平取町二風谷地区は、道内で最もアイヌ文化が色濃く残る場所の一つとして知られ、萱野茂二風谷アイヌ資料館や平取町立二風谷アイヌ文化博物館などの施設がある。

二風谷集落南方の丘陵上にある墓地には、アイヌ特有の木製墓標が一対残されている（左写真）。向かって右側の先端が丸く中央に糸を通すための穴があいた針を象っているのが女性の墓標（メノコクワ）、左側の先端が尖った槍を象っているのが男性の墓標（オッカヨクワ）である。また、墓地内には昭和 55 年（1980）に建てられた二風谷部落有縁無縁三界万霊之塔があり、その前にはアイヌの木製墓標を模した石造物が建てられている（右写真）。

スコットランド出身の考古・人類学者で、昭和 7 年から二風谷で診療とアイヌ研究を行ったニール・ゴードン・マンローは、死後アイヌと同じように埋葬されることを望み、昭和 17 年に二風谷の自宅（現北海道大学文学部二風谷研究室）で息を引き取った。墓地にはマンロー先生慰霊の会が昭和 61 年にマンローとその妻のチヨ、マンロー研究者で歌人桑原千代子の 3 人のために建てた慰霊碑がある。

【図 59】　墓を盗掘された落部アイヌの墓碑と供養碑　墓碑：北海道八雲町八雲墓地　供養碑：八雲町落部墓地（2020 年 11 月 24 日撮影）

落部村では箱館の英国領事館員によって落部のアイヌ墓地から盗掘された 13 名のアイヌの遺骨を再埋葬するとともに、英国から支払われた賠償金により彼らの墓碑（左写真）が建てられた。

落部墓地では昭和 10 年（1930）にも北海道大学の児玉作左衛門がアイヌ人骨の収集を目的とした発掘を行っており、その際に出土した 103 体分の遺骨とともに、墓碑も北海道大学に送られた。児玉の発掘により再埋葬された 13 名の遺骨は再び掘り出された可能性が高い。翌年、発掘で遺骨が出土したアイヌを慰霊するため、児玉と落部アイヌのリーダー辨開凧次郎の息子の辨開勇蔵によって「落部土人供養碑」（右写真）が建てられた。

昭和 44 年、八雲町文化財調査委員会は北海道大学に墓碑の返還を要望し、返還された墓碑は落部アイヌと相談の上、八雲町郷土資料館で保管されていたが、八雲アイヌ協会で再協議した結果、平成 7 年（1995）、町内最大のアイヌ集落にともなう遊楽部墓地があった現八雲墓地内に建つ「先駆者ウタリ鎮魂之碑」の隣に移設された。

墓碑は砂岩製で、正面にヘンケ・サル・ゼンコ・パラス・サンレイ・ヲキ・シヤシ・タムコロ・トハル・ヲバニ・ビンコ・サト・ヲベリの 13 名のアイヌの名前が刻まれている。英国領事館員が落部のアイヌ墓地を盗掘した際には、このような墓石はなかったにも関わらず、どの場所に誰が埋葬されているのか、かなり正確に把握されていたことになろう。

【図60】 蝦夷地に渡った和人の墓

60-1 出羽国塩越出身者の墓石 北海道羽幌町焼尻西浦17 曹洞宗願海寺西側共同墓地（2011年7月11日撮影）

60-2 南部大畑出身者の墓石 北海道別海町野付63 野付通行屋跡（2018年1月15日撮影）

蝦夷地には商場での対アイヌ交易や漁場の経営のため、北陸や東北地方から蝦夷地に向かった人の墓石があるが、松前・箱館・江差など和人地と違って、蝦夷地では一つの場所に墓石が継続的に建てられることはほとんどなかった。墓石を建てることのできる経済力を持った和人が蝦夷地に移り住み、一ヶ所に定着するようなことは稀であったためと考えられる。

日本海に浮かぶ焼尻島の曹洞宗双嶺山願海寺の西側墓地には、出羽国塩越（秋田県にかほ市象潟町）出身者の墓石が2基並んで建てられている（左写真）。右端の墓石は安永7年（1778）8月17日死亡に亡くなった権六、中央は安政5年（1858）3月に死亡した清治の墓石である。権六の戒名は「鐵翁道舩信士」であり、船乗りの可能性がある。

国後島を間近に望む道東の野付半島には、寛政11年（1799）、幕府により国後島への中継基地として通行屋が設けられた。通行屋跡には2ヶ所に計4基の墓石がある。3基列んでいるうちの1基は、津軽海峡に面する下北半島の南部盛岡藩領大畑横町（青森県むつ市大畑町）出身の大谷当ねという女性の墓石である（右写真）。大畑は北前船の寄港地であり、東蝦夷地へ渡海するための重要な湊であった。また、別地点には嘉永2年（1849）5月28日に死亡した箱館出身の柴田秀三郎の墓石がある。これらの墓石は多くの和人が野付やその先の国後島に向かったことを物語っている。

【図 61】 北の防人の墓 1（北海道内）

61-1　北海道稚内市宗谷護国寺跡の北方警備関係者の墓（2011 年 10 月 4 日撮影）

61-2　北海道羽幌町焼尻島の会津藩士の墓（2011 年 7 月 11 日撮影）

61-3　北海道標津町野付の会津藩士の墓（2018 年 1 月 15 日撮影）

61-4　北海道紋別市曹洞宗紋別山報恩寺の会津藩士の墓（2012 年 7 月 15 日撮影）

61-5　北海道苫前町香川古丹別川河口北岸丘陵上の庄内藩士の墓（2011 年 7 月 10 日撮影）

【図62】 北の防人の墓2（択捉島） 2020年8月20日Vladimir Grishchenko氏撮影・写真提供

62-1 盛岡藩詰合の墓石 文化9年7月13日建立

62-2 松前藩士明石季賢の墓石 文政9年3月26日没

62-3 鈴木貞八の墓石 文政9年8月2日没

62-4 松前藩士藤原正蔵隆則の墓石 文政11年3月13日没 門人で松前藩士の水牧吉蔵・吉田又十郎・西川左九郎建立

62-5 氏名不明者の墓石 天保7年3月8日建立

62-6 鈴木重成の墓石 天保13年10月10日没

62-7 松前藩士村田亀之丞の墓石 嘉永4年3月6日没

2の明石豊左衛門季賢の墓は松前町の曹洞宗松前山法源寺にもある。4の藤原正蔵隆則はエトロフ勤番御目付。6の鈴木重成は天保13年（1842）にエトロフ勤番を命じられた松前藩士鈴木重太郎と同一人物か。7の村田亀之丞は松本平八郎の次男で、御牧場足軽・古組足軽・新組御徒士を経て文政12年（1829）に一代古組御徒士に昇格。

コラム5

佐渡の無宿人の墓

二〇二四年七月、インドの首都ニューデリーで開催された第四六回世界遺産委員会で佐渡島の金山の世界文化遺産登録が決定した。

新潟県佐渡市相川治助町の日蓮宗妙法山覚性寺跡には、佐渡金銀山の坑道から湧く水を外に汲み出す水替人夫二八名の戒名・出身地・俗名・享年が刻まれた「無宿人の墓」がある（参考図14）。彼らは嘉永六年（一八五三）七月一七日に青盤間歩で発生した坑内火災の犠牲者と伝わる。供養碑は、台石に名前が記されている江戸のいろは四八組の一つ百組の元町火消しで、事故時に坑内人夫の救出にあたり、佐渡奉行から表彰された差配人の與吉が褒美金で建てたもので、側面には没年月日である事故の発生日が刻まれている。

二八名の出身地は、江戸とその周辺が五名、越後が四名など関東・北陸・中部地方が多いが、遠くは石州（島根県西部）に及ぶ。彼らは江戸府内の無宿人《むしゅくにん》で、江戸の治安対策と佐渡の水替人夫補充のため強制的に佐渡島に送られて

参考図14　無宿人の墓（佐渡市・覚性寺跡）

きた。彼らは逃亡防止のため竹矢来に囲まれた水替小屋に監禁され、一昼夜交代で働かされた。供養碑に刻まれた二八名の享年は、四七歳から二二歳で、平均三一歳である。

世界遺産登録に沸く佐渡島にあって「無宿人の墓」は、佐渡金銀山の危険で非人道的な水替人夫の労働環境を今に伝えている。

「無宿人の墓」の28名の水替人夫

	出身地	名前	享年
1	赤城邑（群馬県渋川市）	吉次	40
2	三ッ木邑（埼玉県入間市）	元八	36
3	山城町（京都府木津川市？）	松太	25
4	細口邑（石川県七尾市）	仙助	29
5	小石川（東京都文京区）	金八	22
6	紙舗邑（千葉県松戸市）	友七	33
7	高根邑（岐阜県高山市）	三蔵	35
8	上州（群馬県）	染次郎	47
9	常州（茨城県）	寅蔵	24
10	江戸（東京都）	定吉	36
11	石州（島根県）	與八	32
12	尾州（愛知県）	兼吉	24
13	伊勢（三重県）	清助	36
14	下総（千葉県）	金平	31
15	神田（東京都千代田区）	吉兵衛	33
16	越後（新潟県）	兼□	32
17	久喜町（埼玉県久喜市）	靍吉	34
18	小金邑（石川県金沢市）	清蔵	33
19	伊賀（三重県）	和助	24
20	越後（新潟県）	万蔵	29
21	野州（栃木県）	林蔵	27
22	喜エ□新田（埼玉県羽生市）	萬吉	26
23	巣鴨（東京都豊島区）	仙七	29
24	信州（長野県）	寅□	23
25	三州（愛知県）	亀七	27
26	板橋（東京都板橋区）	半次郎	33
27	越後（新潟県）	常平	31
28	越後（新潟県）	亀吉	30
	平均年齢		31

（注）「出身地」「名前」欄の□は、風化や欠損により判読できない文字

南の墓

洗骨と再葬

風葬と洗骨・再葬

九州と台湾との間に島々が連なる南西諸島は、トカラ海裂と慶良間海裂という二つの深い海底谷を境に生物分布が異なり、文化面でも北琉球圏の大隅諸島、中琉球圏の奄美群島と沖縄諸島、南琉球圏の先島諸島（宮古列島・八重山列島）に分けられることが多い。このうち琉球文化圏に属する中琉球圏と南琉球圏では、二〇世紀に火葬が普及する前は、風葬《ふうそう》や土葬（一次葬）により遺体を骨化させた後、それを洗い浄め（洗骨）、再葬する葬法（二次葬）が一般的に行われていた。酸性土壌が大半を占める日本列島と異なり、南西諸島には骨の保存に適した弱アルカリ性の琉球石灰岩が広く分布することから、古人骨の遺存状態は総じて良い。そして、そのことが遺骨を特別視する習俗を生み、洗骨・再葬の葬法が広がったとみて良いだろう。古人骨が良好な状態で残っている南西諸島では、日本人の起源を巡る関心から一九三〇年前後に京都帝国大学の研究者により古墓での遺骨収集が行われ、現在、アイヌの遺骨と同じように返還訴訟が起きている（松島泰勝『琉球奪われた骨』岩波書店、二〇一八年）。

沖縄県石垣市の新石垣空港敷地内にある国史跡白保竿根田原洞窟遺跡では、洞窟内から約二万七〇〇〇年前の国内最古級の人骨を含め、旧石器時代の人骨が多数発見され、洞窟内が風葬の場所として利用されていたと考えられている。一方、沖縄本島南部の南城市サキタリ洞窟では約九〇〇〇年前の地層の下から、墓坑内に遺体を納め、石で覆った墓が発見されている。南西諸島にはこうしたガマと呼ばれる自然の洞窟や岩陰が広く分布しており、旧石器時代から近代にまで風葬地や墓地として利用されてきた。縄文時代併行期には洞窟や岩陰に頭骨や手足の骨をそれぞれ集めたり、土器のなかに骨化した頭骨を納めたりする再葬墓が確認されている。

沖縄本島では、二〇世紀前半まで伝統的な葬墓制が維持されてきた一方で、沖縄戦や米軍による土地の収容により、本土以上に墓地の無縁化が進行した。沖縄本島では開発事業の多い那覇市や浦添市を中心に一九九〇年代以降、無縁化した古墓の発掘調査が多数行われており、琉球史を語る上で貴重な歴史資料となっている。

沖縄本島では一三世紀頃から洞窟や岩陰、崖に横穴を掘った掘込墓《ほりこみぼ》内に、洗骨した遺骨を納める合葬用の大型家形木槨が置かれるようになる【図63】。大型家形木槨墓《もっかくぼ》は喜界島や徳之島など奄美群島にも分布する。木槨には、遺骨を納めた複数の家形の厨子が安置されるが、漆塗の唐櫃型厨子の使用は初期浦添ようどれの中山王関係者や、今帰仁村の百按司墓に葬られた伊差川按司のような支配者層に限られ、一般には白木の板厨子が使われた。支配者層の蔵骨器《ぞうこつき》は一四世紀末から一五世紀前半には漆塗の唐櫃型厨子から中国福建省泉州市恵安県一帯から産出する輝緑岩製の厨子に置き換わる。それら輝緑岩製の厨子に葬られたのは、沖縄本島を統一した第一尚氏とその関係者であり、石厨子には、英祖王統や察度王統など初期琉球の王家からの正統な王位継承者であるとの主張や、明の冊封《さくふう》体制のもとで海洋国家を築き上げたことへの自負が込められている。

第二尚氏の始祖尚円王やその一族が眠る伊是名島の伊是名玉陵《たまうどん》は、康熙七年（一六六八）に現在の石造に作り変えられたが、当初は瓦葺きの木造建築で、内部には板葺きの大型家形木槨が置かれていた。弘治一四年（一五〇一）には第二尚氏第三代尚真王によって首里城の隣接地に王家の墓として玉陵が営まれた。玉陵は岩盤に横穴を掘って三つの墓室を作り、それぞれ手前に切石を積み、石屋根を載せた沖縄最大の破風墓《はふぼ》である。一六世紀以降、沖縄本島では玉陵を模した破風墓や破風墓の屋根が平坦化した平葺墓《ひらふきぼ》が作られる【図64】。また一七世紀後半には中国福建省や台湾に起源を持つ亀甲墓《かめこうぼ》も登場する【図65】。切石を用いた破風墓や亀甲墓は王国時代には士族にのみ許されていたが、廃藩置県以降は庶民の間に広まり、先島諸島を含め沖縄本島以外の島でも数多く営まれるようになった。こうした石造の墓が登場したことで、遺体を骨化させる場所は、洞窟や岩陰から石造の墓室内へ移動した。墓室内には入口側にシルヒラシと呼ばれる遺体を晒す空間が設けられており、そこで遺体を骨化させた後、洗骨して蔵骨器に納め、墓室の奥に安置した。蔵骨器は、一七世紀第3四半期以降、石厨子に替わって厨子甕や御殿型厨子など陶器が中心となるとともに、庶民にも普及していく。没年月日や俗名など被葬者に関する情報は蔵骨器に記されるため、沖縄には墓の上に墓標としての墓石を建てる伝統がない。

現在、沖縄で最も一般的な墓は、破風墓や平葺墓の伝統を受け継いでおり、家形をしている。本土では墓石の下のカロートと呼ばれる地下空間に納骨するのに対して、沖縄では現在も地上にある家形の墓室内に納骨するのが一般的である。

奄美群島の古墓

中琉球圏は、慶長一四年（一六〇九）の薩摩島津氏の琉球侵攻以降、鹿児島藩直轄領となる奄美群島と、引き続き琉球王国の版図であった沖縄諸島とに分断される。奄美群島では薩摩の支配を受けるようになった近世以降も古琉球時代（那覇世）からの伝統である洗骨・再葬が継続しており、その上に新たに鹿児島本土から持ち込まれた墓石文化が重なっている。奄美群島の墓は、地理的位置や自然環境、物流環境によって島ごとに多様である。

奄美群島の再葬墓は、自然の洞窟や岩陰を利用した墓、人為的に崖に横穴を掘った掘込墓、サンゴ石灰岩の石塊を積み上げた石垣を方形に巡らし草屋根を掛けた草屋根墓《ふきやねぼ》、サンゴ石灰岩やテーブルサンゴを積み上げた積石墓《つみいしぼ》、サンゴ礁の砂が板状に固まった石灰砂岩（ビーチロック）を箱状に組んだ板石墓《いたいしぼ》、蔵骨器を直接平地に設置した埋甕墓《うめがめぼ》、石塔の竿石のなかを刳り抜き、内部に遺骨を納めた刳り抜き式石塔墓、地下に洗骨した遺骨を埋め、その上に石塔を建てる石塔墓に大別される。ほとんどの遺体は風葬された後、洗骨・再葬されるが、伝染病などで死亡した人の遺骨は再葬されることなく、そのまま放置された【図66】。洗い浄められた遺骨は、直接埋葬施設内に納骨する場合と、蔵骨器に納骨した上でそれを埋葬施設に安置する場合があり、蔵骨器には木製の板厨子・石厨子・陶製御殿形厨子・厨子甕などの専用品と、日常容器からの転用品がある。

沖縄本島と指呼の距離にある与論島では、ジシ（ギシ）と呼ばれる自然の洞窟や岩陰に洗骨した遺骨を直接納めている【図67】。ジシの呼称は厨子に由来する。一五世紀頃にはすでに岩陰に方形の石囲いを設けて洗骨した遺骨を納めていた。一七世紀以降も大多数の人は洞窟や岩陰で風葬され、遺骨は頭骨を中心にその外側に四肢骨を並べた状態で、洞窟や岩陰に再葬された。しかし、一部の人は石壁を巡らせた囲いのなかで風葬され、さらに選ばれた人だけが沖縄産の石厨子や厨子甕に納骨されるようになった。与論島で蔵骨器が一般化するのは、廃藩置県により沖縄本島との往来が自由化され沖縄産の厨子甕が流入するようになった明治以降である。与論島でも明治一〇年（一八七七）の鹿児島県による諭達で風葬が禁じられ土葬が導入されるが、風葬から土葬への移行には時間を要した。二〇世紀に入り海岸近くの平地に共同墓地が作られたことで土葬が一般化するが、島に火葬場が造られたのは平成二一年（二〇〇三）であり、洗骨・再葬は二〇一〇年代まで行われていた。そのため与論島の近現代墓地では現在もなお、地面に半分埋められた厨子甕を多く目にすることができる【図68】。

与論島と徳之島に挟まれた沖永良部島では、和泊町にある世之主の墓をはじめ、掘込墓の前面や上部に石を積んで墓室とし、手前に石門から左右に石壁を巡らし前庭部を設けた大規模な墓が発達した【図69】。こうした墓は、首里の玉陵や伊是名玉陵など琉球の王墓に由来し、一七世紀頃に奄美に伝わったと考えられる。沖永良部島では蔵骨器として一五・一六世紀にはタイや中国産の壺、一七世紀以降は沖縄産の厨子甕や薩摩の苗代川焼の甕などの陶器が多く使われている。

沖永良部島と奄美大島に挟まれた徳之島では、洗骨した頭骨だけを蔵骨器に入れ、風葬地とは異なる洞窟や岩陰に納めている【図70】。蔵骨器は、一五・一六世紀にはタイや中国産の壺、一七世紀以降は薩摩の苗代川焼や肥前の唐津焼の甕などの陶器が多い。

奄美群島最大の大島には多様な古墓がみられる【図71】。トゥールまたはトフルと呼ばれる掘込墓や石厨子を平地に直に据えた墓が北部の旧笠利町周辺に限られるのに対して、ハヤと呼ばれる板石墓はビーチロックが入手しやすい龍郷町赤尾木湾を中心として島内に広く分布する。積石墓は島内各所にみられるが、ビーチロックの入手が困難な瀬戸内町や宇検村など島の南西部に多い。瀬戸内町小名瀬の「七つ墓」は、胴部以下を地面に埋めた厨子甕一二基が一列に並ぶ。薩摩から派遣され島で亡くなった役人や流人のほか、与人や郷士などの島の最有力者層は廟墓や五輪塔《ごりんとう》などの石塔墓を建てている。

奄美大島の東方に位置する喜界島では、ほぼ全ての集落にムヤまたはモーヤと呼ばれる掘込墓があり、その数は失われたものも含め四三ヶ所一七五基に達する【図72】。ムヤやモーヤの呼称は喪家に由来する。ヒキと呼ばれる本家・分家集団ないしは同姓の一団や、ハラと呼ばれる同一の先祖から出た父系ないし同姓の一団が一つのムヤを利用しており、その利用期間は最長約二七〇年、被葬者数は最大約一六〇人に達する。ムヤの多くは墓室の壁沿いに蔵骨器を安置するための棚があり、大規模なムヤは内部に天井を支えるための柱がある。喜界島では頭骨に加え主要な骨が洗骨され蔵骨器に納められる。蔵骨器に陶器の甕ともに、島内で生産された石厨子や鹿児島本土に特注した石厨子が数多く使われている。石厨子には戒名・俗名・没年月日など、墓石と同じような「故人情報」が記されている。一つの石厨子には最大一一名、平均二名の遺骨が納められている。

喜界島では一五世紀頃から洗骨・再葬した遺骨をタイや中国産の壺に納め、岩陰に安置した再葬墓が営まれていたと考えられる。琉球で身分制度が確立する一方、鹿児島藩による奄美の身分制の再編が行われた一六八〇年代には、ムヤの造営や石厨子の生産が始まる。一七三〇～六〇年代にはムヤや石厨子が最も多く営まれた。島役人やノロなど支配者は鹿児島本土に特注した石厨子を使用する一方、島内産の石灰岩製厨子が一般島民の半数近くまで普及する。鹿児島藩が導入したサトウキビ栽培が軌道に乗り、島の生産力が向上したことがその背景にあると思われる。一七七〇年代～一八四〇年代には新たなムヤの造営がなくなるとともに、鹿児島産の石厨子が消え、島内産の石厨子も急速に減少する。鹿児島藩の政策による島役人の地位低下や既得権益の喪失と、膨れ上がる上方への借財に対処するために鹿児島藩が採った砂糖専売制の強化策による島の経済の衰退が原因と考えられよう。一八五〇年代には石厨子が消え、蔵骨器は厨子甕と木製の板厨子だけとなる。厨子甕に比べ高価な石厨子が島から消えた背景には、文政一三年（一八三〇）の砂糖の第二次惣買入制導入による鹿児島藩の過酷な収奪があろう。

久米島と先島諸島の古墓

久米島は沖縄諸島に属し、沖縄本島の西方約一〇〇キロに位置する。久米島にはガマと呼ばれる自然の洞窟や岩陰に営まれた再葬墓が島内各地に分布し、ヤジャーガマやヤッチのガマなど非常に大規模なものがみられる【図73】。洞窟や岩陰を利用した墓は入口に石が積まれたものが多い。また、島の南部の島尻地区には横穴式の石室を持つ方形の石積墓が分布している。蔵骨器は一五・一六世紀にはタイや中国産の壺、一七世紀以降は沖縄産の厨子甕が多いが、沖縄本島から移入した石厨子や島内で製作されたと思われる石厨子もみられる。

先島諸島のうち宮古島を中心とする宮古列島には、ミャーカと呼ばれる独特の石組墓、掘込墓の前面や上部に石を積んで横穴式の墓室とし、手前に石門から左右に石壁を巡らし前庭部を設けた大規模な墓、ガマを利用した墓などの再葬墓がみられる【図74】。ミャーカは直に遺骨を納めた箱式石棺を中心に、その周りを石で方形に囲んだ大規模な墓で、琉球石灰岩やビーチロックの大形の切石が使われている。ミャーカのなかには一五・一六世紀頃の人物を被葬者とする伝承を持つものがあるが、成立時期については確定できていない。石壁が巡る前庭部を持つ墓は、宮古島の平良地区に集中しており、被葬者は、一六世紀初頭に宮古島の支配者として君臨した仲宗根豊見親の子孫や、首里からの流刑人の子孫との伝承を持ち、多くの頭職を輩出した益茂氏一門である。築造年代は一七〜一八世紀とみられる。

石垣島をはじめとする八重山列島には、ミャーカに類する大きな切石を用いた石組墓、小さな自然石を積んだ積石墓、岩陰墓などの再葬墓がみられる【図75】。先島諸島に広く分布するミャーカやそれに類する墓は、箱式石棺や竪穴式の石室に直に遺骨を納めており、横穴式の墓室内に蔵骨器を安置する沖縄諸島の墓とは同じ再葬墓でも系譜が異なる。

【図63】 大型家形木槨墓

63-1 漢那ウェーヌアタイ 沖縄県宜野座村立博物館（2018年2月17日撮影）

63-2 屋慶名の板墓 沖縄県うるま市屋慶名（2024年3月1日撮影）

63-3 運天の壁龕墓（ドゥルマタの木墓） 沖縄県今帰仁村運天（2017年3月14日撮影）

63-4 赤連喜界高校南側古墓群4号墓 鹿児島県喜界町赤連（2021年6月20日撮影）

63-5 ナシジ（中筋）の古墓群1号墓 鹿児島県伊仙町犬田布（2024年3月18日撮影）

63-6 喜念のツールソメ 鹿児島県伊仙町喜念（2023年3月18日撮影）

【図64】 石造家形墓（破風墓・平葺墓）

64-1　玉　　陵（国宝）　沖縄県那覇市首里金城町1-3（2016年3月1日撮影）

64-2　佐敷ようどれ（県史跡）　沖縄県南城市佐敷1641　知念分屯基地敷内（2016年11月23日撮影）

64-3　松山御殿墓　沖縄県那覇市首里桃原町1-13（2018年2月26日撮影）

64-4　幸地腹・赤比儀腹両門中墓　沖縄県糸満市字糸満1367（2017年3月15日撮影）

64-5　根路銘村墓　沖縄県大宜味村根路銘（2017年3月14日撮影）

【図 65】 亀 甲 墓

65-1　**銘苅古墓群伊是名殿内墓**（国史跡）　沖縄県那覇市銘苅 2-10（2018 年 2 月 26 日撮影）

65-2　**伊江殿内墓**（重要文化財）　沖縄県首里石嶺町 1-62-4（2018 年 2 月 26 日撮影）

65-3　**玉城朝薫の墓**（市史跡）　沖縄県浦添市前田 1156　前田トンネル上（2019 年 3 月 24 日撮影）

65-4　**浦添御殿の墓**（市史跡）　沖縄県浦添市沢岻 993（2019 年 3 月 24 日撮影）

65-5　**小港松原墓**（町有形文化財（建造物））　沖縄県久米島町西銘新田原 488（2021 年 3 月 15 日撮影）

65-6　**長田家の古墓**（市有形文化財（建造物））　沖縄県石垣市字石垣山座利 918（2022 年 3 月 10 日撮影）

【図 66】 再葬されなかった遺骨が残る墓と風葬地

66-1　**沖永良部島住吉の古墓群 6 号墓**　鹿児島県知名町住吉（2020 年 2 月 10 日撮影）

66-2　**与論島 JA あまみ農畜産物流通センター南西のハンシャ**　鹿児島県与論町茶花（2020 年 2 月 6 日撮影）

風葬地に再葬されなかった遺骨が解剖学的な位置を保った状態でが残されている。沖永良部島住吉の古墓群 6 号墓では遺骨の手前に葬送儀礼の際に死者に供えられた豚の頭骨も残されている。

66-3　**与論島前浜（メーバル）ジシ 0 号墓**　鹿児島県与論町麦屋前浜（2023 年 8 月 26 日撮影）

風葬地に再葬されなかった頭骨や四肢骨以外の大量の骨が残されている。再葬の対象となった頭骨や四肢骨は洗骨された後、下段にあるジシに納骨された。

【図 67】 与論島の古い再葬墓（ジシ）

67-1 シミャー古墓群上段 5 号墓 鹿児島県与論町麦屋塩川（2020 年 2 月 5 日撮影）

67-2 シミャー古墓群上段 4 号墓 鹿児島県与論町麦屋塩川（2020 年 2 月 5 日撮影）

67-3 フマイヨージシ 2 号墓外観 鹿児島県与論町麦屋塩川（2020 年 2 月 6 日撮影）

67-4 フマイヨージシ 2 号墓内部 鹿児島県与論町麦屋塩川（2020 年 2 月 6 日撮影）

67-5 キシモト墓石門 鹿児島県与論町朝戸（20202 年 8 月 20 日撮影）

67-6 キシモト墓内部 鹿児島県与論町朝戸（20202 年 8 月 20 日撮影）

【図68】 与論島の近現代再葬墓

68-1　与論町ハキビナ墓地　鹿児島県与論町立長宮利（2023年8月28日撮影）

68-2　与論町西前浜墓地　鹿児島県与論町麦屋前浜（2021年9月11日撮影）

68-3　与論町船倉墓地　鹿児島県与論町古里出毛（2020年2月6日撮影）

68-4　与論町船倉墓地　鹿児島県与論町古里出毛（2020年2月6日撮影）

68-5　与論町茶花墓地霊園　鹿児島県与論町茶花兼久（2020年2月6日撮影）

68-6　与論町品覇墓地　鹿児島県与論町茶花田仁（2020年2月6日撮影）

【図 69】 沖永良部島の大規模な再葬墓

69-1 世之主の墓（県史跡） 鹿児島県和泊町内城 808（2020 年 2 月 7 日撮影）

69-2 屋者琉球式墳墓（町史跡） 鹿児島県知名町屋者（2020 年 2 月 8 日撮影）

69-3 チュラドゥール 鹿児島県和泊町内城泉川（2020 年 2 月 7 日撮影）

69-4 花窪ニャート墓（町史跡） 鹿児島県知名町新城花窪（2020 年 2 月 8 日撮影）

69-5 アーニマカヤトゥール墓（町史跡） 鹿児島県知名町赤嶺（2020 年 2 月 8 日撮影）

69-6 屋子母のセージマ古墳跡（町史跡） 鹿児島県知名町屋子母（2020 年 2 月 8 日撮影）

【図 70】 徳之島の再葬墓（トゥール）

70-1　明眼の森内のトゥール墓　鹿児島県伊仙町犬田布（2023 年 3 月 19 日撮影）

70-2　イリンスウの古墓群 2 号墓　鹿児島県伊仙町伊仙（2024 年 3 月 18 日撮影）

70-3　阿権の古墓群 1 号墓　鹿児島県伊仙町阿権（2024 年 3 月 18 日撮影）

70-4　上面縄洞穴墓　鹿児島県伊仙町面縄（2024 年 3 月 18 日撮影）

70-5　フーガイヨウ洞穴墓　鹿児島県伊仙町馬根（2023 年 8 月 22 日撮影）

70-6　ネーマトゥール墓　鹿児島県伊仙町中山（2019 年 3 月 7 日撮影）

【図 71】 奄美大島の多様な再葬墓

71-1 掘込墓（城間トフル墓群 2 号墓）（県史跡） 鹿児島県奄美市笠利町万屋（2019 年 3 月 11 日撮影）

71-2 積石墓（佐念モーヤ）（村史跡） 鹿児島県宇検村佐念（2019 年 3 月 10 日撮影）

71-3 板石墓（辺留城古墓群）（市史跡） 鹿児島県奄美市笠利町笠利（2022 年 2 月 28 日撮影）

71-4 連結式板石墓（イシゴモリの墓） 鹿児島県奄美市笠利町節田（2023 年 8 月 30 日撮影）

71-5 埋甕墓（七つ墓） 鹿児島県瀬戸内町小名瀬（2019 年 3 月 10 日撮影）

71-6 石塔墓（廟墓）仏像墓（町指定建造物） 鹿児島県龍郷町龍郷（2022 年 3 月 1 日撮影）

【図 72】 喜界島のムヤ（掘込墓）

外側入口

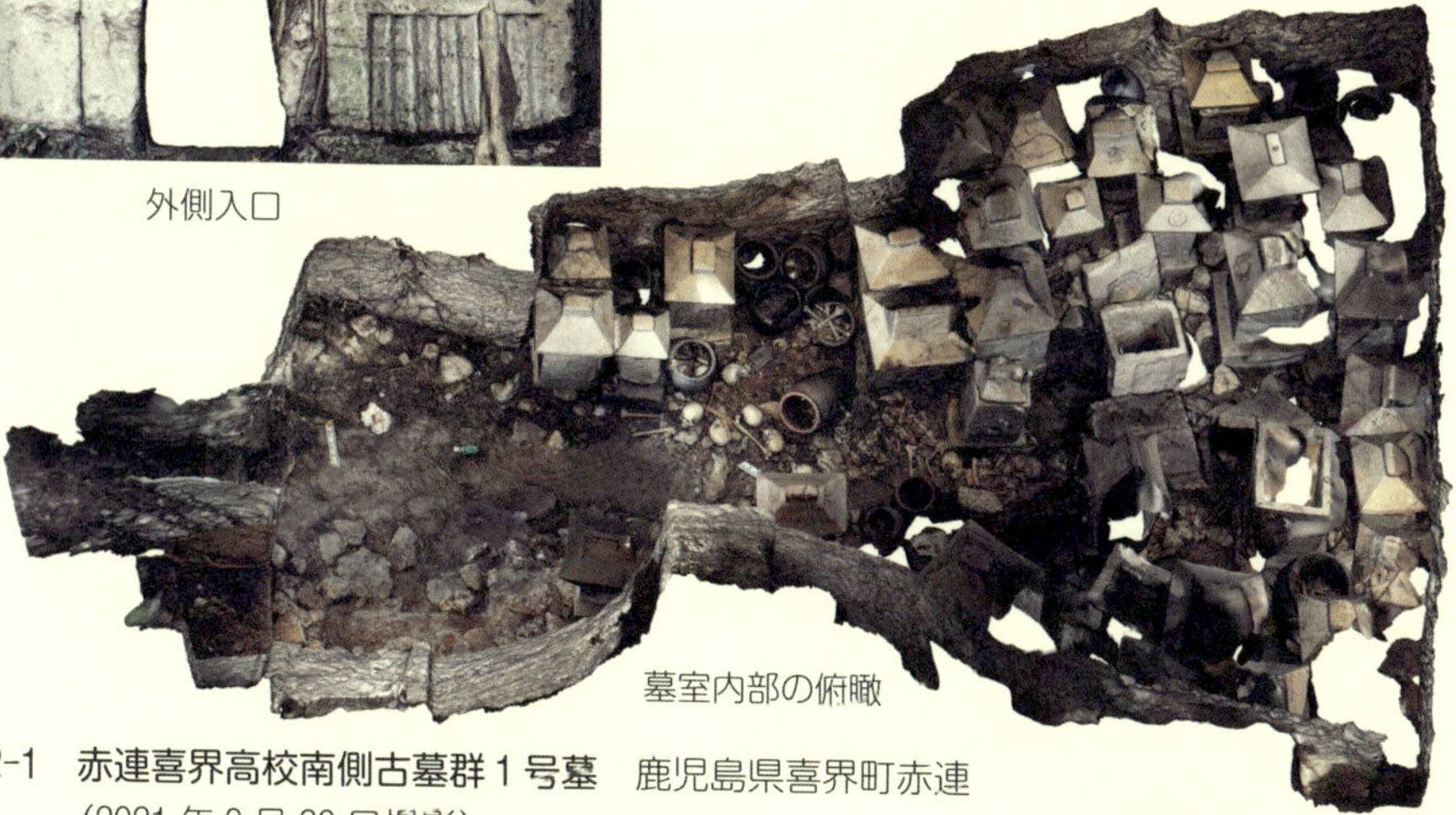

72-1　赤連喜界高校南側古墓群 1 号墓　鹿児島県喜界町赤連（2021 年 6 月 20 日撮影）

72-2　赤連喜界高校南側の古墓群 5 号墓　鹿児島県喜界町赤連（2021 年 6 月 20 日撮影）

72-3　大朝戸集落内の古墓　鹿児島県喜界町大朝戸（2021 年 9 月 8 日撮影）

【図 73】 久米島の再葬墓

73-1 ヤジャーガマ風葬墓 沖縄県久米島町仲地（2021 年 3 月 16 日撮影）

73-2 伊敷索城跡北側の崖葬墓 沖縄県久米島町嘉手苅（2021 年 3 月 17 日撮影）

73-3 ナカモーバカ 沖縄県久米島町島尻（2021 年 3 月 16 日撮影）

73-4 ナンバンバカ 沖縄県久米島町島尻（2021 年 3 月 16 日撮影）

73-5 アンタバカ 沖縄県久米島町島尻（2021 年 3 月 16 日撮影）

【図 74】 宮古列島の再葬墓

74-1　スムリャーミャーカ（県史跡） 沖縄県宮古島市下地来間（2018 年 3 月 13 日撮影）

74-2　スサビミャーカ（市史跡） 沖縄県宮古島市伊良部伊良部（2018 年 3 月 13 日撮影）

74-3　久松ミャーカ（市指定建造物） 沖縄県宮古島市松原（2018 年 3 月 12 日撮影）

74-4　知利真良豊見親墓（重要文化財（建造物）） 沖縄県宮古島市平良字西仲宗根真玉 3-4（2018 年 3 月 12 日撮影）

74-5　あとんま墓（重要文化財（建造物）） 沖縄県宮古島市平良西仲宗根真玉 3-4（2018 年 3 月 12 日撮影）

74-6　西ツガ墓（市有形文化財（建造物）） 沖縄県宮古島市平良下里（2018 年 3 月 12 日撮影）

【図 75】 八重山列島の再葬墓

75-1 竹富島赤山王の墓 沖縄県竹富町竹富（2023 年 3 月 24 日撮影）

75-2 竹富島坊主墓 沖縄県竹富町竹富（2023 年 3 月 24 日撮影）

75-3 黒島イサンチャヤー古墓（町史跡） 沖縄県竹富町黒島 571（2023 年 3 月 25 日撮影）

75-4 西表島大竹祖納堂チンサマの墓（町史跡） 沖縄県竹富町西表 488（2023 年 3 月 26 日撮影）

75-5 波照間島保多盛家の墓 沖縄県竹富町波照間（2024 年 3 月 25 日撮影）

75-6 波照間島ピタブゥパメー 沖縄県竹富町波照間（2024 年 3 月 25 日撮影）

コラム6

洗骨された薩摩武士

鹿児島藩は奄美群島を流刑地とした。流人の約七割は武士で、その多くは藩内の権力闘争に絡む政治犯だった。流刑地の島で亡くなった流人は、鹿児島の流儀に従って葬儀が行われ、墓石は郷里か流された島に建てられた、と奄美の古墓を調査するまで筆者も思っていた。

喜界島赤連にある喜界高等学校南側の古墓群1号墓は、入口右手に出窓を設け、窓には格子目透かしの板を嵌め込み、出窓の右側に五輪塔《ごりんとう》を浮き彫りするなど、島で最も立派な古墓である（本書一三二頁【図72—1】参照）。内部には洗骨した遺骨を納めた三三基の石厨子と三一点の厨子甕がある。墓は一七世紀末に使用が始まり、一八世紀は主に石厨子を、一九世紀以降は厨子甕を蔵骨器《ぞうこつき》とし、二〇世紀中頃まで二世紀半近く使用されていたと考えられる。

石厨子の一つには、宝暦一一年（一七六一）二月五日に行年六八歳で死亡した山田弥市右衛門（戒名楳山清香居士）の遺骨が納められている（参考図15・16）。山田弥市右衛門は鹿児島藩士で、島津家二四代当主重年襲封に際して、藩政に介入していた川上五郎兵衛親埤ら実学党員たちが弾圧された実学朋党事件に連座し、寛延二年（一七四九）、長崎附人海老原庄三、若松宮太左衛門、竹内二角ら一〇名とともに喜界島へ流された（「喜界島代官記」）。そして、海老原・若松・竹内と山田弥市右衛門の少なくとも四名が島で死亡した。海老原の遺骨は亡くなってから数年後に遺族の手により郷里に持ち帰られたが、生前彼が世話になった喜界島先内の旧家永井家の墓地には海老原の墓石がある。

山田弥市右衛門の石厨子がみつかった古墓は、荒木間切與人の墓所として利用されている。海老原が永井家の世話になったように、弥市右衛門は生前、荒木間切與人の世話になっていたのであろう。しかし、なぜ弥市右衛門は島人と同じように洗骨され、島で作られた石厨子に納骨されたのだろうか。洗骨された薩摩武士がいたとは驚きだ。合掌。

（正面）

（右側面）

参考図15・16　山田弥市右衛門の石厨子（喜界町・喜界高校南側の古墳群１号墓）

あとがき

平成二二年（二〇一〇）、NHKスペシャルで放送された『無縁社会～〝無縁死〟三万二千人の衝撃～』は大きな反響を呼び、「無縁社会」はその年のユーキャン新語・流行語大賞トップテンにノミネートされたほか、単行本は第五八回菊池寛賞を受賞した。墓石が普及した江戸時代の日本では「無縁社会」は江戸や大坂など大都市にのみみられる現象であったが、地方の過疎化が進行したことで、今や日本社会全体が「無縁社会」化している。血縁や地縁によって執り行われてきた葬儀や埋葬が、社会の無縁化によって変更を余儀なくされるのは当然といえよう。

本書では日本列島の墓をとおして、社会の変化や文化の多様性を述べてきた。時代や地域、階層によって墓の在り方は大きく異なる。大部分の人が病院で死を迎え、直ぐに火葬される現代日本では、遺体を目にする機会はほとんどないが、かつては遺体をどう処理するかが大問題であった。人々は遺体と向き合うなかで故人を偲び、墓を営むことで人の死を受け入れ生きてきた。この考えが正しければ、真に墓を必要としているのは故人ではなく、後に残された者ということになる。大名の本葬墓と分霊墓、両墓制《りょうぼせい》における埋め墓と詣《まい》り墓などは、その証左にほかならない。

また、本書では墓石を建てる伝統がなかったアイヌ文化圏や琉球文化圏の墓を取り上げることで、墓石が墓にとって必要不可欠な装置ではないことを示した。墓石がなくとも沢山の副葬品をともなうアイヌ墓や、琉球文化圏の洗骨・再葬墓からは、死者への愛情や敬慕の念が伝わる。琉球文化圏では、親の骨を洗い再葬することが「最後の親孝行」であった。

ここ数年は科学研究費で南西諸島の島々で再葬墓の調査を続けている（基盤研究B【課題番号21H00589】「奄美群島の葬

カタツムリが這う野仏（小浜市・発心寺）

墓制に関する考古学的研究」）。火葬の普及や過疎化にともない古墓の多くは無縁化しており、場所の確認も容易ではない。亜熱帯の森のなかで、ガジュマルの古木を目印にようやく探し当てた古墓には、時として足の踏み場もないほどの遺骨が葬られている。そこは観光地として人気のローマのサンタ・マリア・デッラ・コンチェッチオーネ（骸骨寺）やパリにある世界最大規模の地下納骨堂カタコンベ・ド・パリと違って訪れる人もなく厳かである。その光景を目にした時、頭に思い浮かんだのは、黒死病（ペスト）や百年戦争に見舞われた中世末期のヨーロッパで流行した「死の舞踏（ダンス・マカブル）」の絵画であった。骸骨や生者が行列をなして墓場へ向かう場面を描いた「死の舞踏」には、生前の身分や職業に関係なく万民に訪れる死の普遍性や、死によって無に統合されるという死生観が込められている。南島の古墓でただ一人、多くの再葬された骸骨たちからみつめられ、「メメント・モリ（死を想え）」と諭されている気がしたのである。

江戸時代の大坂に「七墓巡り」と称し、半分レジャー感覚で自分とは縁もゆかりもない無縁墓を訪れ歩く人たちが沢山いたことは大変興味深い。無縁墓を訪ね歩くことは、ある意味、墓を営むこと以上にきわめて人間的な行為だからだ。子どもの頃、先祖の墓詣りのたびに、生花や線香を少し残しておき、墓地の片隅に寄せられている「無縁様」に供え手を合わせるよう祖父母から教えられた。子どもながら、随分立派な墓石が無縁になっていることに儚さ（「墓無さ」）を感じたものだ。社会の無縁化が進行した現代日本にはいたるところに無縁墓が存在する。時にはそうした無縁墓に目を向けることで、死を想い、限りある生の大切さを感じてみてはいかがだろうか。

本書に掲載した墓の見学では、狭川真一氏（大阪大谷大学教授）や八重樫忠郎氏（平泉世界遺産ガイダンスセンター長）をはじめ全国各地で多くの方に協力いただいた。刊行に際しては吉川弘文館編集部の永田伸氏と伊藤俊之氏にお世話になった。心より感謝申し上げる。

二〇二四年七月三一日

関　根　達　人

掲載墓・墓石一覧

墓・墓石名	所　在　地	写真番号
択捉島にある北方警備関係者の墓	北海道紗那郡紗那	図 62
宗谷護国寺跡にある北方警備関係者の墓	北海道稚内市大字宗谷村宗谷	図 61-1
願海寺西側共同墓地にある出羽国塩越出身者の墓	北海道苫前郡羽幌町焼尻西浦 17	図 60-1
焼尻島の会津藩士墓	北海道苫前郡羽幌町焼尻東浜	図 61-2
古丹別川河口北岸丘陵上の庄内藩士墓	北海道苫前郡苫前町香川	図 61-5
報恩寺の会津藩士墓	北海道紋別市南が丘町 2-13-2	図 61-4
野付の会津藩士墓	北海道標津郡標津町茶志骨ポンニッタイ	図 61-3
野付通行屋跡にある南部大畑出身者の墓	北海道野付郡別海町野付 63	図 60-2
二風谷墓地のアイヌ墓	北海道沙流郡平取町二風谷トイピラの丘	図 58
盗掘された落部アイヌの墓碑と供養碑	北海道二海郡八雲町豊河町 11-1 八雲墓地 北海道二海郡八雲町入沢 357 落部墓地	図 59
痩せ細った墓石	北海道松前郡松前町内	図 7-3
松前護国神社	北海道松前郡松前町豊岡	図 28-2-1～3
法幢寺の松前藩主松前家墓所	北海道松前郡松前町松城 307	図 39
専念寺の桜井小膳墓	北海道松前郡松前町唐津 268	図 55
専念寺納骨堂前の竹本菊太夫墓	北海道松前郡松前町西館 254	図 56
円通寺の位牌型墓標	青森県むつ市新町 4-11	図 26-4
改葬された旧八戸藩士A 家墓所	青森県八戸市内	図 5
中別所板碑群（石仏）	青森県弘前市中別所葛野	図 16-1

墓・墓石名	所　在　地	写真番号
長勝寺	青森県弘前市西茂森1丁目23-8	図34・48、参考図9〜12
高坂蔵人の乱で討ち死にした小倉葛右衛門墓	青森県弘前市新寺町92 本行寺	参考図8
中尊寺釈尊院墓地の五輪塔	岩手県西磐井郡平泉町平泉字衣関160	図10-1
中尊寺願成就院の宝塔	岩手県西磐井郡平泉町平泉字衣関67	図10-2
中尊寺常住院山王堂の宝塔	岩手県西磐井郡平泉町平泉字衣関102	図10-3
中尊寺蓮台野の集石墓	岩手県西磐井郡平泉町平泉字衣関202	図10-5
伝照井太郎高春五輪塔	岩手県一関市中里字照井7	図10-4
海蔵庵板碑群	宮城県石巻市尾崎宮下	図16-2
光久寺の紙屋仁蔵墓	秋田県能代市萩の台1-23	図57-3
秋田久保田藩主佐竹家霊屋と木製墓標	秋田県秋田市手形蛇野89 闐信寺 秋田県秋田市泉三嶽根10-1 天徳寺	図49
米沢藩主上杉家墓所	山形県米沢市御廟1丁目5-32	図38
会津藩主松平家墓所(院内御廟)	福島県会津若松市東山町大字石山	図43
慧日寺伝徳一廟	福島県耶麻郡磐梯町大字磐梯堂東	図8-2
皇徳寺の伝小原庄助墓	福島県白河市大工町83	図57-1
天性寺の那須家六代の墓	栃木県那須烏山市南1-4-25	図19-2
能持院の常陸谷田部藩主細川家墓所	栃木県芳賀郡茂木町塩田227	図50
安国寺の江戸型墓標	埼玉県越谷市大泊910	図26-1
東福寺	埼玉県草加市神明1丁目3-43	図26-2・57-2
池上本門寺	東京都大田区池上1-1-1	図25-1・54
金地院	東京都港区芝公園3-4-5	図25-2・3
安蓮社の旗本三井家墓所	東京都港区芝公園3-1-13	図25-4

墓・墓石名	所　在　地	写真番号
麟祥院の春日局墓	東京都文京区湯島 4-1-8	図 53
明月院の羅漢洞やぐら	神奈川県鎌倉市山ノ内 189	図 11-1
浄光明寺のやぐら	神奈川県鎌倉市扇ガ谷 2-12-1	図 11-2
壽福寺のやぐら	神奈川県鎌倉市扇ガ谷 1-17-7	図 11-3・4
佐渡島の無宿人の墓	新潟県佐渡市相川治助町 覚性寺跡	参考図 14
上樫出墓地	新潟県長岡市栃上樫出	図 2-2
野田山墓地の金沢藩主前田家墓所	石川県金沢市野田町	図 40
瀧谷寺墓地	福井県坂井市三国町滝谷 1-7-15	図 2-1・26-3
三国中央墓地	福井県坂井市三国町南本町 1-2	図 7-2・27-1
新保共営墓地の無縁墓群	福井県坂井市三国町新保 10	図 4-1
遐代寺	福井県坂井市三国町平山 50-18	図 27-2
越前焼の陶工の甕墓(北釜屋甕墓)	福井県丹生郡越前町平等	参考図 13
塔を刻む墓石	福井県敦賀市内	図 21
発心寺の無縁墓群	福井県小浜市伏原 45-3	図 3-2
カラフルな墓石	福井県小浜市小浜西組伝統的建造物群保存地区	参考図 2〜5
きわめて短期間に無縁となった墓	福井県内	図 4-2
東井出の五輪塔群	山梨県北杜市高根東井出	図 19-3
大輪寺の石堂群	長野県上田市中央北 1 丁目 5-7	図 20-2
吉祥院の軍人墓群	三重県北牟婁郡紀北町引本浦 187	図 30-2
清瀧寺徳源院	滋賀県米原市清滝 288	図 13・37
石塔寺	滋賀県東近江市石塔町 860	図 19-1・23-1
大徳寺高桐院の細川忠興夫妻の墓石	京都府京都市北区紫野大徳寺 73-1	図 51-1
旧霊山官修墳墓	京都府京都市東山区清閑寺霊山町	図 28-1-1・2

墓・墓石名	所　在　地	写真番号
壬生寺の千体仏塔	京都府京都市中京区壬生梛ノ宮町 31	図 3-1
西小墓地の五輪塔	京都府木津川市加茂町西小	図 12-4
旧木津惣墓	京都府木津川市木津大谷 東山墓地	図 22-1・2
泉橋寺の舟形板碑と櫛形墓標	京都府木津川市山城町上狛西下 55	図 22-3
福知山城の天守台に転用された石塔	京都府福知山市字内記 5	図 24-1
大坂七墓 南浜墓地	大阪府大阪市北区豊崎 1 丁目	図 1-1-1～3
大坂七墓 蒲生墓地	大阪府大阪市都島区東野田町 3-2	図 1-2-1・2
旧真田山陸軍墓地	大阪府大阪市天王寺区玉造本町 14-83	図 29
鹿谷寺跡十三重塔	大阪府南河内郡太子町大字山田	図 8-1
叡福寺の忠禅上人層塔	大阪府南河内郡太子町太子 2146	図 9-2
東大寺伴墓 伝重源墓塔	奈良県奈良市川上町 623	図 12-1
西大寺叡尊廟・奥院骨堂	奈良県奈良市西大寺野神町 1 丁目 6-10	図 12-2・18
西方院五輪塔	奈良県奈良市五条町 2-9-6	図 12-3
中山念仏寺墓地	奈良県天理市中山町 401	図 14-1～3
当麻北墓五輪塔	奈良県葛城市当麻	図 9-1
高野山奥之院	和歌山県伊都郡高野町高野山奥之院	図 17・35・36
花見潟墓地	鳥取県東伯郡琴浦町赤碕鉢屋屋敷	図 15
石井垣の埋め墓	鳥取県西伯耆郡大山町石井垣	図 31
極楽寺跡墓地	島根県大田市温泉津町小浜イ 1099	図 7-1
善立寺の位牌型墓標	島根県隠岐郡隠岐の島町西町大城 1-14	図 26-5
岡山藩主池田家和意谷敦土山墓所	岡山県備前市吉永町	図 44
浄土寺の小型石仏	広島県尾道市東久保町 20-28	図 23-2
金蓮寺の村上水軍墓	広島県尾道市因島中庄町寺迫区 3225	図 19-4

墓・墓石名	所　在　地	写真番号
大照院の萩藩毛利家墓所	山口県萩市青海 4132	図 46-1
東光寺の萩藩毛利家墓所	山口県萩市椿東 1647	図 46-2
宝幢寺の一石五輪塔群	徳島県鳴門市大麻町池谷長田 103	図 20-1
興源寺の徳島藩主蜂須賀家墓所	徳島県徳島市下助任町 2-45	図 45-1
万年山の徳島藩主蜂須賀家墓所	徳島県徳島市佐古山町	図 45-2
丸亀城の石垣修理で発見された五輪塔	香川県丸亀市一番丁	図 24-2
佐柳島の両墓制墓地	香川県仲多度郡多度津町佐柳	図 32
志々島の両墓制墓地	香川県三豊市詫間町志々島	図 33
梵音寺の軍人墓群	香川県三豊市栗島 1604-1	図 30-1
本経寺の大村藩主大村家墓所	長崎県大村市古町 1-64	図 41
万松院の対馬府中藩宗家墓所	長崎県対馬市厳原町西里 192	図 47
泰勝寺跡の細川忠興夫妻の廟所	熊本県熊本市中央区黒髪 4 丁目 610	図 51-2・3
妙解寺跡の熊本藩主細川家墓所	熊本県熊本市中央区横手 2-5-1	図 52-1～3
泰雲寺跡の宇土藩二代藩主細川有孝の墓石	熊本県宇土市宮庄町 419-2	図 52-4
願成寺の人吉藩主相良家墓所	熊本県人吉市願成寺町 956	図 19-5
伏見城の戦いで討ち死にした薩摩武士の墓	鹿児島県姶良市鍋倉 720-2 豊州島津家墓所（総禅寺墓地）	参考図 0・7
宗功寺跡の宮之城島津家墓所	鹿児島県薩摩郡さつま町虎居松尾	図 42

墓・墓石名	所　在　地	写真番号
一乗院跡墓地	鹿児島県南さつま市坊津町坊	図 19-6
風化で穴のあいた墓石	鹿児島県奄美市笠利町佐仁	図 7-4
辺留城古墓群	鹿児島県奄美市笠利町笠利	図 71-3
城間トフル墓群	鹿児島県奄美市笠利町万屋	図 71-1
イシゴモリの墓	鹿児島県奄美市笠利町節田	図 71-4
仏像墓	鹿児島県大島郡龍郷町龍郷	図 71-6
宇検村の合葬墓	鹿児島県大島郡宇検村	図 6
佐念モーヤ	鹿児島県大島郡宇検村佐念	図 71-2
七つ墓	鹿児島県大島郡瀬戸内町小名瀬	図 71-5
喜界高校南側古墓群	鹿児島県大島郡喜界町赤連	図 63-4・72-1・2、参考図 15・16
大朝戸集落内の古墓	鹿児島県大島郡喜界町大朝戸	図 72-3
喜念のツールソメ	鹿児島県大島郡伊仙町喜念	図 63-6
上面縄洞穴墓	鹿児島県大島郡伊仙町面縄	図 70-4
イリンスウの古墓群	鹿児島県大島郡伊仙町伊仙	図 70-2
阿権の古墓群	鹿児島県大島郡伊仙町阿権	図 70-3
ナシジ（中筋）の古墓群 1 号墓	鹿児島県大島郡伊仙町犬田布	図 63-5
明眼の森内のトゥール墓	鹿児島県大島郡伊仙町犬田布明眼	図 70-1
ネーマトゥール墓	鹿児島県大島郡伊仙町中山	図 70-6
フーガイョウ洞穴墓	鹿児島県大島郡伊仙町馬根	図 70-5
世之主の墓	鹿児島県大島郡和泊町内城 808	図 69-1
チュラドゥール	鹿児島県大島郡和泊町内城泉川	図 69-3
沖永良部島住吉の古墓群	鹿児島県大島郡知名町住吉	図 66-1
屋者琉球式墳墓	鹿児島県大島郡知名町屋者	図 69-2

墓・墓石名	所　在　地	写真番号
花窪ニャート墓	鹿児島県大島郡知名町新城花窪	図 69-4
アーニマガヤトゥール墓	鹿児島県大島郡知名町赤嶺	図 69-5
屋子母セージマ古墳跡	鹿児島県大島郡知名町屋子母	図 69-6
与論島 JA あまみ農畜産物流通センター南西のハンシャ	鹿児島県大島郡与論町茶花	図 66-2
与論島前浜（メーバル）ジシ	鹿児島県大島郡与論町麦屋前浜	図 66-3
シミャー古墓群	鹿児島県大島郡与論町麦屋塩川	図 67-1・2
フマイヨージシ	鹿児島県大島郡与論町麦屋塩川	図 67-3・4
キシモト墓	鹿児島県大島郡与論町朝戸	図 67-5・6
ハキビナ墓地	鹿児島県大島郡与論町立長宮利	図 68-1
西前浜墓地	鹿児島県大島郡与論町麦屋前浜	図 68-2
船倉墓地	鹿児島県大島郡与論町古里出毛	図 68-3・4
茶花墓地霊園	鹿児島県大島郡与論町茶花兼久	図 68-5
品覇墓地	鹿児島県大島郡与論町茶花田仁	図 68-6
根路銘村墓	沖縄県国頭郡大宜味村根路銘	図 64-5
漢那ウェーヌアタイの大型家形木槨墓	沖縄県国頭郡宜野座村字宜野座 232 宜野座村立博物館	図 63-1
運天の壁龕墓（ドゥルマタの木墓）	沖縄県国頭郡今帰仁村字運天	図 63-3
屋慶名の板墓	沖縄県うるま市屋慶名	図 63-2
玉城朝薫の墓	沖縄県浦添市前田 1156（前田トンネル上）	図 65-3
浦添御殿の墓	沖縄県浦添市沢岻 993	図 65-4
銘苅古墓群伊是名殿内墓	沖縄県那覇市銘苅 2-10	図 65-1
玉陵	沖縄県那覇市首里金城町 1-3	図 64-1
松山御殿墓	沖縄県那覇市首里桃原町 1-13	図 64-3

墓・墓石名	所　在　地	写真番号
伊江殿内墓	沖縄県首里石嶺町 1-62-4	図 65-2
幸地腹・赤比儀腹両門中墓	沖縄県糸満市字糸満 1367	図 64-4
佐敷よーどれ	沖縄県南城市佐敷 1641（知念分屯基地敷内）	図 64-2
小港松原墓	沖縄県島尻郡久米島町西銘新田原 488	図 65-5
ヤジャーガマ風葬墓	沖縄県島尻郡久米島町仲地	図 73-1
伊敷索城跡北側の崖葬墓	沖縄県島尻郡久米島町嘉手苅	図 73-2
ナカモーバカ	沖縄県島尻郡久米島町島尻	図 73-3
ナンバンバカ	沖縄県島尻郡久米島町島尻	図 73-4
アンタバカ	沖縄県島尻郡久米島町島尻	図 73-5
スムリャーミャーカ	沖縄県宮古島市下地来間	図 74-1
スサビミャーカ	沖縄県宮古島市伊良部伊良部	図 74-2
久松ミャーカ	沖縄県宮古島市松原	図 74-3
知利真良豊見親墓	沖縄県宮古島市平良字西仲宗根真玉 3-4	図 74-4
あとんま墓	沖縄県宮古島市平良字西仲宗根真玉 3-4	図 74-5
西ツガ墓	沖縄県宮古島市平良下里	図 74-6
長田家の古墓	沖縄県石垣市字石垣山座利 918	図 65-6
赤山王の墓	沖縄県八重山郡竹富町竹富	図 75-1
坊主墓	沖縄県八重山郡竹富町竹富	図 75-2
イサンチャヤー古墓	沖縄県八重山郡竹富町黒島 571	図 75-3
大竹祖納堂チンサマの墓	沖縄県八重山郡竹富町西表 488	図 75-4
保多盛家の墓	沖縄県八重山郡竹富町波照間	図 75-5
ピタブゥパメー	沖縄県八重山郡竹富町波照間	図 75-6

（注）①本表は、索引を兼ね、本書内で扱った墓と墓石を総覧するものである。
②配列は、所在地の都道府県コード順とした。
③同じ場所に複数ある墓は一つにまとめた。

著者略歴
一九六五年　埼玉県に生まれる
一九九一年　東北大学大学院文学研究科博士前期課程修了
現在　弘前大学人文社会科学部教授、博士（文学）

〔主要編著書〕
『松前の墓石から見た近世日本』（編、北海道出版企画センター、二〇一二年）
『中近世の蝦夷地と北方交易』（吉川弘文館、二〇一四年）
『墓石が語る江戸時代』（吉川弘文館、二〇一八年）
『石に刻まれた江戸時代』（吉川弘文館、二〇二〇年）
『つながるアイヌ考古学』（新泉社、二〇二三年）

列島縦断　日本の墓
失われゆく墓石を訪ねる

二〇二五年（令和七）二月十日　第一刷発行

著　者　関《せき》根《ね》達《たつ》人《ひと》
発行者　吉　川　道　郎
発行所　株式会社　吉川弘文館
郵便番号一一三―〇〇三三
東京都文京区本郷七丁目二番八号
電話〇三―三八一三―九一五一（代）
振替口座〇〇一〇〇―五―二四四番
https://www.yoshikawa-k.co.jp/

印刷＝株式会社 三秀舎
製本＝ナショナル製本協同組合
装幀＝河村　誠

ISBN978-4-642-08469-7